JN164614

道徳教育のキソ・キホン

道徳科の授業をはじめる人へ

相澤伸幸・神代健彦 編
Nobuyuki Aizawa & Takehiko Kumashiro

ナカニシヤ出版

序　これから教師になるみなさんへ

「ウサギとカメ」の話があります。カメがウサギに競走を挑み，競走の途中で居眠りをしたウサギをカメが追い越してカメが勝利するという，誰もが知っているお馴染みのイソップ寓話です。この話は一般的には，油断大敵だとか，着実さが好結果を生むといった教訓話として用いられています。私が道徳教育について学生のみなさんに語るとき，序としてよくこの話を用い，学生のみなさんに次のように問いかけます。

（客観的に見て）「あなたはウサギかカメか，どちらの行動を支持しますか。」そして，「その立場で相手の行動を批判してください。」

すると，同じ話であるにもかかわらず学生の判断は二分されます。カメを支持するとした学生は，ウサギの行動への批判として，真剣勝負の競走に居眠りをするなど相手を見下しているのではないかというのです。一方でウサギを支持するという学生は，カメは寝ているウサギを起こしてやらないなど，公正心や思いやりに欠けるというのです。その他にも学生からは様々な意見や批判が出されますが，それは一人ひとり少しずつ違っているのです。

この問いに正解はありません。しかしながら，人は，自己の「内なる心」によって何かしら状況を判断し，言動をしていることがわかります。

一人ひとり異なっているこの「内なる心」を表出させ，交流し，討論をしながら，よりよき社会の構成者としてのあり方を内面的に高めていく，それが私なりの道徳科のイメージです。

ここでは，これから道徳教育を学ぼうとする学生のみなさんの質問に答える形で道徳について説明し，これからさらによき道徳教育の実践者として活躍できるように，エールを送りたいと思います。

道徳に正解はあるのか。学級担任の独断で答えを決めてよいのか

道徳に正解のようなものは存在しません。いわゆる一問一答のようなものではないからです。文部科学省は道徳教育の内容として4領域の19項目（小学校1学年及び2学年）から22項目（中学校）を提示していますが，それは内容であって，正解ではありません。

たとえば，人は過ちがあったとき，謝らなければなりません。これは正解です。かといって，道徳科の時間においては，指導者が生徒たちに，過ちに対して謝るのが当たり前だなどと伝えても，何の意味もなさないでしょう。そんなことは言葉のうえではとうにわかっているからです。それよりも，謝ることの大切さを，言葉のような上っ面ではなく，内面的に理解させていくことが道徳科の時間だと考えます。

人間は一人ひとりその内面が異なるし，指導者も一人の人間であるわけですから，学級の生徒全員とともに共感しながら授業をすすめていくことが大切ではないでしょうか。何かを教え込むという姿勢ではなく，色々な考えがあっていいわけですから，生徒も指導者も，色々な人

の考えに耳を傾けながら，その中に自然と生まれてくるように授業展開上仕組まれた，社会の構成者としての「共通の規範づくり」のようなイメージで授業づくりをすればよいのだと考えます。

実際の授業では，児童生徒の発言をどのように整理していけばよいか

道徳の授業展開では，生徒の内面化を図る課題として中心課題（発問）を設定するのが一般的です。中心課題では，グループ討論など形式はともかくも，数多くの生徒の発言を求めていきます。このとき，指導者はランダムに発言する生徒を指名していくのではありません。生徒の心を変容させ，深化させていくために，どの生徒の発言をどの順に求めていくか，そして，どのように自然に討論にもっていくか，などの手立てや，指導者の補助発問が存在します。そこには，まさしく，内面化を図るための指導者の「しかけ」があるのです。生徒はその「しかけ」にはまったく気づかないでしょうし，参観者がいたとしても，よほど熟練していない限り，参観者にも見えてこないものでしょう。

たとえば，中心課題の発問を発したあと，発言を求める前に自分の考えを生徒全員に一斉に簡単に書かせてみるとよいでしょう。指導者は，机間巡視（指導）のなかで，個々の生徒が書いていることを把握しながら，この「しかけ」をさらに練っていきます。他の教科の授業でも同じですが，机間巡視（指導）の目的の１つは，この間にその後の展開の「しかけ」をさらに練ることにあります。どの生徒の発言を先に求めるか，どの生徒にどの生徒の発言を聞かせるか，どの生徒の発言に対してどんな補助発問をするか，生徒が書いていないことについてもどんな発問を投げかけて心を深化させるか，など，内面化を図るための指導者のあらかじめ用意された秘策が，現状に即してこのときに練られていきます。

「ウサギとカメ」の話を例にしてみましょう。この話は，道徳資料として用いるのではなく，判断の根拠となる一人ひとりの内なる心が表出することを体感するために用いるのですが，この話を例に考えてみると，「あなたはウサギかカメか，どちらの行動を支持しますか」そして，「その立場で相手の行動を批判してください」に対して，まずは自分の考えを簡潔に書いてもらいます。その後，カメを支持した人の理由について，ある程度まとめて数人に発言を求めます。ウサギの行動への批判を聞いてもらったあとで，ウサギを支持するといった人のカメの行動批判を求めます。なぜそのようなことを求めるのでしょうか。

さらにもっと深化させるために，ある発言に対しては，「Ａさんの批判に対して，Ｂさんはどのように反論しますか」「Ｂさんの意見とはあなたは少し違うようですが，今はどのように感じますか」「あなたは，カメの行動を支持していますが，あなたがもしウサギならば，カメはどのように見えるでしょうか」などの補助発問によって，一人ひとりの心を深化させていく手立てを，実際の道徳科の時間ではあらかじめ指導者がもって，授業に臨むことになるのです。生徒の発言にいきあたりばったりの対応ではなく，授業構想の段階から，生徒の発言を予測しながら，この「しかけ」や「手立て」をもって授業に臨むのです。指導案では，この「しかけ」や「手立て」を指導者自らの秘策として公開します。ここまで練られてはじめて，指導案といえるものになるのでしょう。

中心課題における発問はどのように設定すればよいか

「ウサギとカメ」の話では，「あなたはウサギかカメか，どちらの行動を支持しますか」そして，「その立場で相手の行動を批判してください」と，受講者が対立構造になるような問いかけをしました。

この問いを，たとえば，「あなたはウサギかカメか，どちらに好感を持ちますか。それはなぜですか」と変えてみるとどうでしょう。または，「あなた自身はウサギかカメか，どちらに近いですか。そんな自分をどう思いますか」や「あなたがもしウサギならば，カメに対してどのようにアドバイスをしますか」などと問いかければどうでしょう。

少しずつ，違った自己の「内なる心」が表れてきそうです。このように，実際の道徳科の時間においても，発問の仕方はその時間の「ねらい」に即して，表出させたい「内なる心」に密接に関連しています。生徒はその発問によって，道徳の資料中の人物等に仮託して，自己の内面を雄弁に語ることになります。発問そのものが，その時間のねらいに内面的に迫れるかどうかを大きく左右しますから，指導者としてあらかじめ発問の仕方を十分に吟味しておく必要があります。道徳資料のどの場面で，何を捉えて，どのように発問するかは，道徳科の時間の成否に関わるといっても決して過言ではありません。

学年や年齢が高くなると道徳的価値への理解は進むが，実践への意欲は減じるのではないか

道徳科の時間では，文部科学省が提示する道徳教育の内容４領域19～22項目をそのまま生徒に言葉で伝えるのではありません。たとえば社会科において，教科書に書かれた内容をそのまま教える授業しか構想しないのならば，はじめから「教科書を読みなさい。そして覚えなさい」という指示によって５分で終了する授業となるでしょう。道徳科においても同じです。

道徳科では，まとめにおいても，指導者がその徳目を提示したり，「何がわかったのか」とその徳目を答えさせたりするような問いもしないのが一般的です。徳目が自然と内面化される授業展開が必要です。

中学生くらいになると，基本的善悪は頭では理解していますので，言動の判断基準となる理由のレベルを上げていくことが大切になってきます。資料や中心課題での発問も，学年や年齢に応じたものにしていくことによって，生徒への内面化を図る（心が変容したり，深化したりしていく）ことができ，実践意欲にもつながるものだと考えます。

主題設定や内容を他学級とそろえるなど学校方針に従う必要はないか

学校方針や学年方針があるならば，教員は学校組織の一員としてそれにしたがって授業計画を立てることが大切です。しかしながら，学級生徒の内面的実態に合わせて創造する授業は，主題や内容が他学級と同一であっても，その学級にしかできない，その学級生徒のための，その学級生徒にしか体験できない，その指導者オリジナルな授業となっていくのです。資料も内容も中心課題までも学年でそろえていても，その学級オリジナルな授業になっていくのは，指導者が，その学級の構成員の内面的実態を把握して授業を計画するからなのでしょう。

道徳科の評価はどのようにすればよいか

道徳科の時間は「心を育てる」時間ですから，見えづらい心を相手に評価することとなります。道徳科の時間の積み重ねによって，心がどのように望ましい方向に変容したか，深化したかを評価するとよいでしょう。授業のなかでの発言，他者の発言も聞かせるなかでの発言内容の変容・深化や，中心課題のあとにまとめとしての発問に対して記述した内容など，生徒一人ひとりについて継続的に観察することによって，心の変容や深化を読み解き，評価することが可能になります。一面的な見方や判断が，他者と交流するなかで，自分とは違った見方や判断もあるのだと気づくことも大切でしょうし，それらのなかから共通の規範のようなものが生み出されてくることも大切だと思います。たった１時間の授業によって劇的に変容することは，時にはそのようなこともあるけれど，やはり稀だと考えます。各徳目や道徳教育の内容について個々に評価するよりも，ある程度継続した道徳科の時間による心の変化を見つめ，総合的に評価するほうが望ましいのではないかと考えます。知識・技能の評価などに用いる数値化，記号化した評価は，心の育ちに用いる評価としてはふさわしくないと考えます。

授業か学校教育全般の場面か，道徳教育はどちらを重視すべきか

心を育てる道徳教育は，道徳科の時間だけに行うといったほうがむしろ不自然で，学校の教育活動全般において日常行われるものです。しかしながら，道徳科の授業はその要となるべきものです。要となる道徳科の授業をおざなりにして，その他の学校教育活動において道徳教育を行うということは本末転倒であり，中核のない道徳教育になると思います。どちらが重視されるべきかという議論ではなく，道徳科の授業という中核から放射状に学校教育活動全般に広がるというイメージだと考えます。

学校生活においては日常，生徒たちは集団や社会に起因する様々な課題や問題に直面します。たとえば，学級で運動会や体育大会に出場する種目メンバーを割り振る際，生徒たちはどのような心でその場に臨むのでしょうか。自分さえ希望がかなえばよいといった心を持つ生徒がいる一方で，個の特性や全体のバランスを考える生徒もいるでしょう。その場において教員が生徒を導く内容は，指示であったり狭義の生徒指導であったりするのですが，では，心はいつ育てるのか。それは，道徳科の時間であろうし，その時間が絶好のチャンスであったりするわけです。

余談ながら，現役教員でも，道徳教育は道徳科の時間ではなく学校教育活動全般で行うべきだということばかりを主張する者は，道徳の授業に行き詰まっているように見受けられる場合が多いのです。現役教員も，自らの小中学校時代に受けた道徳の時間のイメージで授業を構築しようとするため，それが徳目の押しつけのような授業しか経験してこなかった者は，いつしか行き詰まってしまうのです。

しかし，本来の道徳科の時間は，生徒にとって，楽しく，興味深いものであるべきです。個々多様な考えを交流しながらお互いを認め合い，自然に共通の規範のようなものが生み出されてくる，学級が１つになっていくような感覚も得られるような時間となるはずのものです。そして，その時間は，学級の生徒と学級担任教員の信頼関係を構築する大きな礎ともなるのです。

序の最後にあたって

廊下を走っている生徒を見かけたら，「廊下を走ってはいけません」などと注意するでしょう。下校時刻を守らない生徒がいれば「所属する部は１日活動停止」などというルールを設けている中学校もあるでしょう。これらは，生徒の望ましい行動を引き出すための１つの手立てであることには間違いありません。しかし，単にそれだけでは，注意されなければよい，見つからなければよい，罰則を避けさえすればよい，といった心を持つ生徒を育て，社会に送り出していることにならないでしょうか。

「～しましょう」や「～してはいけません」などと，生徒の言動そのものに働きかけるのは，狭義の生徒指導の範疇であったり，単なる指示に過ぎません。それに対して，個々の生徒の言動を突き動かしている「内なる心」に働きかけ，望ましい言動を導いていくのが道徳教育です。すなわち，徳目や道徳的価値を言葉などによって伝達するだけでは，決して道徳教育を行っていることにはならないのですが，狭義の生徒指導と道徳教育のこのあたりを混同してしまい，「道徳なんて無駄だ」「結局は綺麗ごと」と本音では思ってしまう教員も現状では多くいるでしょう。それで，道徳科の時間の最後のまとめにおいては，指導者自らが押しつけのように徳目や道徳的価値を生徒に語る羽目に陥ってしまいます。

道徳教育は「見えない心」を相手にするので，難しくもありますが，そこには，心を変える，心を育てる，という教育の本来の姿，教育の真髄があります。道徳科の時間の指導を極めていく教員は，他の教科指導でも単なる教科の知識・技能の伝授者にならず，教育の本質を追究し，他の教科の指導をも極める教員となっていきます。

体育の授業では，跳び箱数段を跳べない子がいます。助走や手のつき方などの技能指導だけでは決して跳べるようにはならない子がさらにその中にいます。単に「怖い」という，その子の単純な感情が指導者に理解されなければ，決してその子は跳べるようにはならないのです。

さて，これからさらによき道徳教育の実践者として活躍される方々には，まずはオーソドックスな道徳授業の手法について学んでいただければと思います。生徒の学習活動形態や資料などにおいて発展型は色々とありますが，その「形」から入るのではなく，まずは基本的理念や手法をしっかりと押さえてから，発展型を学んでください。そして，自分のオリジナルな道徳授業を創造していけばよいでしょう。これからも様々な道徳の実践者の話を聞き，研究者から学び，また，実際にいい授業を沢山見て，自分なりの道徳の授業を構築されますことを願い，序の最後にささやかながら暖かくエールを送りたいと思います。

目　次

序　これから教師になるみなさんへ　　i

第Ⅰ部　道徳教育の理論の要点

第１章　道徳理論の本質と基礎 ……………………………… 2
1．道徳理論の理解に向けての基礎知識　　2
2．道徳性の起源についての基礎知識　　6
3．道徳的判断についての基礎知識　　8

第２章　道徳性の発達と心の成長 ……………………………… 12
1．自律性，社会性，道徳性　　12
2．自律的な道徳性の発達　　14
3．社会性の発達と道徳性　　18
4．現代社会における課題と道徳教育　　22

第３章　道徳教育の目標と内容―何を教える？／育てる？― ………… 24
1．道徳教育の歴史と現在　　24
2．「特別の教科　道徳（道徳科）」の学習指導要領を読み拓く　　27

第４章　道徳教育の方法と評価―どのように教える？／振り返る？― ……… 33
1．日常のなかで子どもをつかむ　　33
2．道徳科の授業づくり　　35
3．道徳の評価についての理論的考察　　38

第Ⅱ部　道徳科授業の PDCA―設計・実践・改善―

第５章　Plan：授業を構想・設計する ……………………………… 46
はじめに　　46
1．道徳教育を構想し，道徳科の授業を設計する　　46
2．指導案をもとに授業を実践する　　50

第6章　Do：指導案の作成と授業の実践 …… 58
道徳学習指導案（小学校低学年 A）　58
道徳学習指導案（小学校低学年 B）　61
道徳学習指導案（小学校中学年 A）　64
道徳学習指導案（小学校中学年 B）　67
道徳学習指導案（小学校高学年 A）　69
道徳学習指導案（小学校高学年 B）　72
道徳学習指導案（中学校 A）　75
道徳学習指導案（中学校 B）　78
コラム　終末の方法─「オープンエンド」は「そこで終わり」ではない─　81

第7章　Check：授業を評価する …… 83
1．継続的観察としての評価　83
2．「道徳ノート」と「ふりかえりワークシート」で評価する　85

第8章　Action：授業改善のための振り返りと教師としての心構え …… 87
1．教師の指導と子どもの主体性─授業はいかに規定されるか─　87
2．授業空間としての教室環境─教師の恣意的な解釈を問い直す─　90
3．日々の子ども理解と道徳科の関係─子どもを見取ることの難しさ─　93

第9章　道徳教育の現代化 …… 97
1．グローバルな道徳教育　97
2．人権教育と道徳教育　101
3．特別支援教育と道徳教育　105

おわりに　本書の刊行に至るまで　109
巻末資料　111
索　引　115

第Ⅰ部

道徳教育の理論の要点

第１章
道徳理論の本質と基礎

1. 道徳理論の理解に向けての基礎知識

われわれ人間の精神や心といった捉えにくいものをいかにしたら理解できるのか。様々な学問は，この問いに対する取り組みの軌跡であり，その蓄積は研究成果として現代の21世紀まで引き継がれている。そのため道徳教育を学ぶ前に本書では，主として倫理や道徳について考察した哲学や倫理学から説明したい。しかし，学説の歴史や詳細な内容を学ぶことが本書の目的ではないので，今日の道徳教育を考える上で参考となる倫理学の要点を整理したい。規範についての倫理学では，次の３つが柱になる。

①人間の内面にあるよい徳を重視するプラトン（Platon, B.C. 427–B.C. 347）やアリストテレス（Aristoteles, B.C. 384–B.C. 322）の流れで，徳倫理学と呼ばれる。よい行動をとることよりも，よい人間になることを指針とした思想を展開しているのが特徴である。

②普遍的な道徳の法則というものは理性によって無条件に決まっているので，われわれはその原理にしたがわなければならないというカント（I. Kant, 1724–1804）の考えは，義務論と呼ばれている。

③行動や判断が倫理的道徳的によいかどうかは，その結果や成果などの帰結されたものによって示されるという考えは帰結主義と呼ばれる。功利主義なども帰結主義の１つであり，ベンサム（J. Bentham, 1748–1832）の最大幸福の追求は功利主義の代表である。

これら３つの流れは，現在の道徳教育を考えていくための理論的な基礎である。したがって学習指導要領で言及されている価値などを理解する際にも役立つので，各々簡単に説明したい。

[1] 徳倫理学

哲学や倫理学の歴史を繙くならば，紀元前５世紀の古代ギリシアから徳についての問題意識は存在する。たとえばプラトンは，自分の師であるソクラテス（Sokrates, B.C. 470頃–B.C. 399）を主人公にして書いた

『メノン』[1]という書物の中で，すでに道徳について論じており，人間の徳を教えることができるか，あるいは訓練によって身につけさせるものなのか，あるいは生まれつきの素質によるものなのかという問いから道徳を考えはじめている。その問いへの答えは，徳が何であるか知らないうちはその教育可能性については言及できない，つまり徳をよく知らないから教えられないという答えであった。ソクラテスやプラトンの段階における人間形成の議論はこのようなシンプルなものである。それは人間の存在に関する問いかけであり，人間とは何かについての初期の議論であるためだろう。

プラトンから学んだアリストテレスは「万学の祖」とも呼ばれ，プラトンの議論をより深め，単なる人間とは何かという問いではなく，はじめに個人の習慣に着目し，その個人とポリスつまり共同体に着目して人間や徳の教育を考察したことが特筆すべき点である。

アリストテレスは有名な『ニコマコス倫理学』において，個人の道徳で大切なのは，よい習慣[2]であるという。たとえば，社会に法律やルールがあったとしてもそれがきちんと有効に機能するためには，そもそも人々に遵法精神や公徳心というよい習慣がなくてはならない。それゆえアリストテレスの徳についての倫理学の特徴は，よい習慣など，人間の内面にある徳を重視したことである。

それに続く『政治学』において彼は教育の必要性を説き，先ほど述べた国家体制を維持させるために必要なよい習慣を個人に教育することが共同体であるポリスにとって重要だと主張した。彼はこの書で「人間は本性的にポリス的動物である」[3]と定義しているが，道徳の観点から考えるならば，彼は社会や共同体などの集団があっての個人の徳を想定していることになる。一人ひとりが幸福を実現するためには，社会のみんなが構成員としてふさわしい徳を持たなければならないのであり，そのためにもよい人間となる徳の教育システムが重要だと考えた。

[2] 義務論

現代の道徳論に影響を与えた2つめの流れを代表する人物はカントである。彼は教育についての考えを述べる中で，人間を「教育されなければならない唯一の被造物」「教育によって，はじめて人間となる」などと定義しているので，積極的な教育の必要性を述べている思想家と捉えることができるだろう。徳についても同様であり，徳は教えられうるし，また教えられねばならないと考えていた。したがって，教えられなくてはならないと言っている以上，徳に関しては生得的あるいは先験的なものとして扱うのではなく，理性による普遍的な諸々の規則から合理的に

1）プラトンの作品は，大きく分けて2つに分類できる。1つは，師ソクラテスを主人公とした対話によって描かれる作品群で，もう1つはプラトン自身の主張をまとめた作品群である。『メノン』はプラトンの初期の作品であり，徳そのものとその教育についてソクラテスとメノンという若者との対話で描かれる。

2）「習慣」はギリシア語で「エトス」と呼ばれ，これが「倫理」を表す「エートス」へと転化していった。ちなみに古代ギリシア語の「エートス」がラテン語に翻訳されたものが「モラル」の語源となった「モーレス」である。

3）一般的にはポリスは都市国家と言われることが多い。しかし，政治的共同体，軍事的共同体，倫理的には善く生きることを究極の目的とした教育的共同体など，いろいろな性格を持った集団と考えるとわかりやすい。

導き出した教説を人間は教育していかなくてはならないと考えた。カントにとって理性は絶対的価値を有しているので，たとえば「～せよ」「～すべきである」というすべての人間に無条件であてはまるような普遍的な命令を理性は下す。この命令は定言命法と呼ばれる。私たちの生活の中では，「…したいから，～しよう」「もし…ならば，～しなければならない」などのように，行動にはある目的や意図などの前提条件（…の部分）がつきものであるが，そのような前提条件がつく命令は仮言命法と呼ばれ，定言命法では前提条件が一切つかず絶対的である。カントの考えでは，普遍的な道徳法則が理性により決まっており，行動はその原理にしたがわなければならないので，定言命法を重視している。

そうした理性による絶対的な定言命法と聞くと難しく感じるのだが，実際の行動において指針となるのは，あなたの行動原則が常に同時にみんなにとって普遍的なものとして通用できるように行動しなさいというものである。カントはこうした行動原則を「格率」と呼んだが，そもそもこの格率は自分自身の原則である。しかしその行動原則は個人のレベルにとどまるのではなく，常に同時にみんなにもあてはまるような普遍的一般的なものでなければならないとカントは言った。われわれ人間は生まれたときにはすでに何らかの行動方針（格率）を形式として得ているので，子どもも格率にしたがって行為しなければならず，そのため子どもに対して大人や教師は，自分で考えて行動するように教育しなければならないと主張した。

カントの道徳論に従うのなら，結果よりも行動原則が重要であり，時と状況によって自分の行動がぶれることはありえない。たとえば，人を欺くことはよくないことである以上，嘘はどんなときでも許されず，相手が悪人であろうと原則は徹底されるのである。

[3] 帰結主義／功利主義

行動や判断の倫理的なよさは，そのときの本人の意思ではなくて，最終的な結果や成果によって示されるという考え方は帰結主義と呼ばれる。帰結主義の一種で，帰結を幸福という尺度で判断しようと考えるのが功利主義であり，J・ベンサムとJ・S・ミル（J. S. Mill, 1806–73）の思想に端を発する。

最大多数の最大幸福で有名なベンサムにとって，善悪の規準となるのは苦痛と快楽の総和であり，「その幸福を促進するように見えるか，幸福に対立するように見えるかによってすべての行為を是認し，また否認する原理」こそが功利主義なのである。また，ベンサムから影響を受けたミル[4]は，「「功利」または「最大幸福の原理」を道徳的行為の基礎と

4）快楽にも質の違いはあり，満足した豚より不満足な人間のほうがよく，満足した愚者より不満足なソクラテスがよい，というミルの言葉は有名である。

して受けいれる信条にしたがえば，行為は，幸福を増す程度に比例して正しく，幸福の逆を生む程度に比例して誤っている。幸福とは快楽を，そして苦痛の不在を意味し，不幸とは苦痛を，そして快楽の喪失を意味する」[5]と『功利主義論』（1861）で述べている。功利主義的幸福観の前提としてあるのは，結果的に私たちの人生に肯定的な影響を与えるとともに否定的な影響を取り除くことが幸福なのである。

5）ミル『功利主義論』関嘉彦訳（1967）中央公論社，p.467。

幸福の総和に着目する功利主義は，その原理は誰もがわかりやすく，異なる道徳観を持つ者たちにも説明しやすい。また定量化が難しい道徳に，ある種の共通基盤を持ち込むことでもあり，価値観の多様化した現代においては，容認する者も多い。

[4] 現代における課題

規範倫理学を通底する３つの流れを簡単に説明したが，特定の時代と地域の，言わば古い価値観が残っているという批判も否定できないし，またそのまま現代にあてはめてしまうと不都合な部分もでてくる。

われわれの道徳的な判断は，時代や社会や文化や宗教の違い，そして教育や法律などから制約を受け，発達段階によってその影響の度合いも異なってくる。また，医療科学の進歩により発生した生命倫理，人工知能や情報科学による社会の変化，自然環境の維持の困難さに関する問題，宗教間の対立によるテロ，富裕者層と貧困者層の格差の拡大，突然起こる災害や気候変動など，先人たちが想定していなかった自然・社会環境要因が現れるにつれ，道徳的な判断を下すことが難しくなった。それゆえに，価値観の衝突は避けられないのであり，争いや心配も絶えない。しかし，困難があればそれらを解決しようとするのも事実であり，ここで取り上げた規範倫理学以外の諸研究，たとえば心理学や社会学，人類学，脳科学などの基礎研究が補完する役割を担っており，今後ますますそうした研究成果の融合によって新たな理解がもたらされるであろう。

その途上にあって，あえて規範倫理学を本節で紹介したのは，教師などの大人が教材の分析の際や児童生徒の発言を積極的に拾い上げる時などに，その内容や発言の本質的価値を理解するためにも，これまでの学問成果が人間の精神や心をどのように捉えようとしてきたのか知っておくことが重要であり，意義があると考えてのことである。先人たちの遺産を参照することで，今日の状況が相対化できることもあり，その営みを足場として，今度はわれわれがその成果を次世代へと伝えることが，教育の役割の１つでもある。

2. 道徳性の起源についての基礎知識

道徳性の起源については，古くから議論されている。道徳性の本質についての議論がまずあり，次いで道徳性の起源や形成についても論争があった。そうした議論を通じて，道徳性の内実を理性や知性と同等と考えたり，その起源として神から与えられたと考えたり，人格の成長と共に形成されると考えたりしてきた。昨今では，道徳性を人類史の視点から論じる場合もあれば，動物と比較して発達の視点から，あるいは社会との関わりから論じる場合もある。いずれの場合も，相互に綿密に連関して道徳性という資質・能力を説明しようとしているのであるが，以下では個人と社会に関した道徳性の起源について，道徳哲学の観点からまとめてみたい。

[1] 一人で生きるか，みんなと生きるか

人間は，一人で生きていけないのか。それとも他者を必要とするのか。個と社会という2つの原理はどのように融合しているのか。近代の道徳思想はその葛藤から始まる。しかし近代ヨーロッパの多くの思想家は，共同体や社会の中で生きるという本性を人間は持っているということを前提としており，他者と共に生きるという論調が大勢を占めていた。

モンテスキュー（C. de Montesquieu, 1689–1755）が『法の精神』（1748）で主張するのは，人間は原初状態においてすでに社会を形成しようとする本性を備えているということであり，ヴォルテール（Voltaire, 1694–1778）も人間における社会性を前提的に認めている。

ヒューム（D. Hume, 1711–76）は『人性論』（1739）において，人間が未開状態で長い間とどまることは完全に不可能であり，いつかは社会を作らざるを得ないため，人々のもともとの本性は当然のことながら社会的（social）であると考えた[6]。

『諸国民の富（国富論）』で知られるアダム・スミス（A. Smith, 1723–90）は，スコットランドのグラスゴー大学の道徳哲学教授であり，ヒュームの友人でもあった。彼の『道徳感情論』（1759）は当時大きな反響を呼び，そして今なお，その内容について脳科学者や進化心理学者からも支持を集めている。自己の利益だけではなく，他者に関心を持つ能力は，人間の本性に備わっていると彼は考えた[7]。そのため，われわれの一般的な規則を形成する際の，正誤の最初の知覚が理性から導かれると想定するのはまったく不合理であり理解できないと語った。はじめは利己的な個人であった。しかし社会で相互に行為する過程で，公平な観察者が

6）ヒューム『人性論』（4），大槻春彦訳（1952）岩波文庫，p.67。

7）「いかに利己的であるように見えようと，人間本性のなかには，他人の運命に関心をもち，他人の幸福をかけがえのないものにするいくつかの推進力が含まれている。人間がそれから受け取るものは，それを眺めることによって得られる喜びの他に何もない。」スミス『道徳感情論』，高哲男訳（2013）講談社学術文庫，p.30。

共感（sympathy）して追随できるか否かによって，道徳的な適切さを形作るようになり，この共感が道徳感情の源泉であると言う。

また進化論で有名なイギリスのC・ダーウィン（C. R. Darwin, 1809–82）は『種の起源』から12年後に『人間の由来』（1871）を発表した。この書では人間の由来と進化が考察されており，道徳の起源に関して，前提として最初にあるのはわれわれの社会的本能であり，道徳的性質のもとになった非常に複雑な感情が進化して道徳感情や良心を構成するようになり，理性，自己利益，宗教，教育，習慣によって強化されていったと考えた[8)]。

われわれが自己愛や自己保存といった利己的な目的だけで行動するのではなく，共感を通じて他者の感情を推測し配慮して行動することは人間の本性から由来するのであり，それが道徳性の起源であるというこれらの結論は，当時の文献や観察から導き出されたもので，多くの学者の興味を引きつけた。ヘルバルト（J. F. Herbart, 1776–1841）は『一般実践哲学』（1808）において，共通した目的に向かう人々の集団を社会と定義し，そのため目的の数だけ社会が存在し，一人が多くの社会に属することもあり得ると主張した。その他，社会学の創始者であるフランス人のコント（A. Comte, 1798–1857），さらにコントから影響を受けたミルなども，人間は社会を指向するという自然本性を持っており，社会を本能的に求めていると語っている。

[2] 他者の視点の獲得と道徳性の発達

こうして，人間の本性としての社会性の考察は盛んに行われたが，その一方で，人間は一人であるという前提から思索を始めた思想家もいる。

清教徒革命期の思想家ホッブズ（T. Hobbes, 1588–1679）は，『リヴァイアサン』（1651）第17章において，自然本性としての社会性を持つ人間像を否定する。また近代教育学に大きな影響を与えたルソー（J. -J. Rousseau, 1712–78）は，自然状態で人間は一人で生きていたが，偶然の出来事により協力する必要が生じ，それが逆に現代の不平等を生み出したと考えた[9)]。ルソーは何よりも自由を求めていたのであるが，一人で生きることの限界もまた感じ取っていたのであろう。

人間は一人なのか，それとも社会の中で生きるのか。こうした難問に対して，カントは独自の鋭い主張を展開している。彼は，人間は社会性を持ちながらも，一人になりたがろうとする「非社交的社交性」という一見矛盾する本性を持っている存在だと言った[10)]。みんなといたいが一人にもなりたいという矛盾をうまく表現した言葉である。これらの主張は，現代でも道徳の起源を考える上で多くの示唆を与えてくれるだろう。

8）「究極的には，非常に複雑な感情が，私たちの道徳感情や良心を構成するようになるが，その最初の起源は社会的本能であり，それは仲間からの賞賛によって大きく左右され，理性，自己利益，のちには深い宗教的感情によって導かれ，教育や習慣によって強められたものがすべて合わさってつくり上げられたものである。」ダーウィン『人間の由来』（上），長谷川眞理子訳（2016）講談社学術文庫，p.213。

9）「［人間は］一人でできる仕事や，数人が手をあわせるだけで可能な技術に専念しているかぎり，人々はその本性によって可能な範囲で，自由で，健康で，善良で，幸福に暮らしていた。［…中略…］しかし一人の人間が他人の援助を必要とするようになった瞬間から，また一人で二人分の食料を確保しておくのは有益であると気づいた瞬間から，平等は姿を消し，私有財産が導入され，労働が必要になった。」ルソー『人間不平等起源論』，中山元訳（2008）光文社，pp.139–140。

10）「人間には，集まって社会を形成しようとする傾向がそなわっている。それは社会を形成してこそ，自分が人間であることを，そして自分の自然な素質が発展していくことを感じるからである。［…中略…］ところが人間には反対に，一人になろうとする傾向が，孤立しようとする傾向がある。」カント「世界市民という視点からみた普遍史の理念」『永遠平和のために／啓蒙とは何か他３編』，中山元訳（2006）光文社，p.40。

3. 道徳的判断についての基礎知識

道徳の理論や歴史的な基礎を学んだあとは，道徳や倫理での教育方法を理解する上での基礎を確認したい。特にここで紹介するのは，モラルジレンマについてである。

今後の道徳科では，問題解決的な学習などの「考え，議論する」授業が求められるので，その際にモラルジレンマを用いた授業はよく行われるだろうし，実際に役立つだろう。モラルジレンマの基本的手法は，どちらを選ぶべきかジレンマを生じさせてその選択を通して考えさせたり，他の人の意見を聞いたりすることで道徳性を高めていこうとすることである。しかし注意してほしいのは，ジレンマを表面的に捉えるのではなく，なぜジレンマが「考え，議論する」授業につながるのか，まずはその原理について理解しなければならない。方法の背景を学ぶことで，第2部以降で展開する学校での道徳教育の特質を活かした多様な教育的実践についての理解も深まることになるだろう。

以下で取り上げているトロッコのジレンマと歩道橋のジレンマの内容は有名であるが，どちらかと言えば大人を主たる対象としているので，子どもにとっては難しく残酷な内容である。そのため子どもを対象とする道徳科の授業としては適さないかもしれないが，これらのジレンマは倫理学ではよく言及され，地域差や発達段階を比較するための一種の標準形として参照されることが多いので，その説明から始めたい。

[1] トロッコと歩道橋のジレンマ

モラルジレンマでは，第2章で取り上げる「ハインツのジレンマ」が有名であり，その他には「トロッコのジレンマ（trolley problem）」と「歩道橋のジレンマ（footbridge dilemma）」がよく知られている。

「トロッコのジレンマ」とは，倫理に関する思考実験で使われたストーリーで，イギリスの倫理学者フット（P. Foot, 1920-2010）によって提起された。その内容は，次のようなものである（Foot, 1978）。1台のトロッコがブレーキの故障により暴走している。先の線路は2つに分かれており，右の線路には5人が，左の線路では1人の作業員が作業中であった。何もしなければ右側に進んで5人に被害が及び，レバーを操作すれば1人の被害で済むとしたら，分岐のレバーを動かせる人物はどのような行動を取るべきか，というジレンマである。

さらに，アメリカの道徳学者トムソン（J. J. Thomson, 1985）らがトロッコのジレンマをアレンジし，「歩道橋のジレンマ」を創作した。

線路上に5人の人間がいる。その線路上をトロッコが暴走しており，このままでは5人が轢かれてしまう。その線路を跨いだ歩道橋にあなたは立っていて，横には見知らぬ太った人がいる。その太った人を線路に突き落とせばトロッコは確実に止まって5人は助かる。しかしそうすると太った人は死んでしまう。あなたは横にいる太った人を突き落としますか，という話が歩道橋のジレンマである。

現代の欧米を中心とした倫理学や心理学や医学などでは，これらの2つのトロッコ問題を共通の題材として参照することで，比較対照できるようになってきた[11]。たとえばJ・グリーンら（2001）は，fMRI（機能的磁気共鳴イメージング）を使って脳科学の観点から研究した。トロッコのジレンマのように1人を犠牲にして5人を救うと判断する場合には，脳の中でも客観的な功利的判断をする前頭前野背外側部の活動が活発になるが，歩道橋のジレンマのように5人を救うために1人を落とすと判断する場合は，感情に関わる前頭前野内部側が活発になるという。

こうした先行研究の蓄積は，現在やこれからの道徳研究に大きな変革をもたらすだろう。同じように思える2つのジレンマでも，功利的判断であったり感情的反応であったりするなど，われわれの脳の中では異なる部位が活発化している。ジレンマについて何らかの判断をする場合，それは単なる気分や直観で選んでいるように思えても，実は脳の2つの部位のバランスのもとに最終判断が下されているのである。

[2]　2つの判断力―直観的判断と熟慮的判断―

近年の認知心理学や社会心理学の研究成果から，われわれが道徳的判断を下す際には，直観的判断と熟慮的判断の二重の判断が想定されるのではないかという説明が1980年代から多くの研究者によって提起されている。これは，人間の認知機能における二重過程説（並行プロセス，デュアルプロセス）とも呼ばれ，直観的なシステム1（TASS：The Autonomous Set of Systems）と熟慮的なシステム2（分析的システム）の2つの判断システムを人間は持ち合わせており，各人がそれぞれ独自の組み合わせのもとで，道徳的な判断を下しているという説である。2つのシステム特性を示すと，表1-1[12]のようになる。

日常の社会生活を営む上でわれわれは多くの判断を下しているが，それらはけっして自覚的なものだけとも限らない。あまり深く考えずにさらりと比較的素早く意思決定を行うこともある。迅速に判断すること，言わば思考の自動運転は「ヒューリスティック（heuristic）」[13]と表現され，過去の経験や習慣，直観などから物事を判断することである。多くの判断を1つ1つじっくりと考えてしまうと，状況の様々な点を考慮す

11）たとえば，アメリカの哲学者サンデルが「ハーバード白熱教室」の中で大学生が考える題材として取り上げているし，一方でトロッコ問題を3～5歳の幼児と大人を対象として比較した実験を行った心理学の実験（Pellizzoni et al., 2010）や，脳科学で用いられるfMRI（functional Magnetic Resonance Imaging）画像を使って，2つのトロッコ問題によって脳の反応部位と個人の倫理観を相関させる研究（J. D. Greene et al., 2001）などもある。詳しく知りたい場合は，マイケル・サンデル『これからの「正義」の話をしよう―いまを生き延びるための哲学』（鬼澤忍訳，早川書房，2010）やジョシュア・グリーン『モラル・トライブズ―共存の道徳哲学へ』（上・下）（竹田円訳，岩波書店，2015）を参照のこと。

Pellizzoni, S., Siegal, M., and Surian, L.,(2010)The contact principle and utilitarian moral judgments in young children, *Developmental Science*, 13-2, pp.265-270.

12）スタノヴィッチ『心は遺伝子の論理で決まるのか　二重過程モデルでみるヒトの合理性』（竹楝田直子訳／鈴木宏昭解説，みすず書房，2008），pp.47-48には，これまでの理論の一覧表がまとめられている。

13）heuristicという単語は教育学や心理学ではよく使われる。辞書では，「1．〈教育法が〉学習者自身で発見させる。経験による。2．学習［発見］に役立つ」（『ウィズダム英和辞典』第2版）と説明されている。

表1−1　2つのシステムの特性

	システム1（TASS）	システム2（分析的システム）
特性	連想的 全体論的 並列的 自動的 認知能力への負荷が比較的少ない 比較的迅速 高度に文脈依存	規則に基づく 分析的 直列的 制御型 認知能力への負荷が大きい 比較的遅い 文脈から独立

る必要もあるために，時間も精神的エネルギーも必要になる。それが短時間で判断できるならば，認知能力への負荷も少なくてすむので，システム1は，ヒューリスティックシステムとも呼ばれている。

道徳の判断でもわれわれは，ヒューリスティックシステムによる「直観的判断」の恩恵を受けていると考えられており，次に紹介するモラルジレンマを用いた道徳教育での，直観的な1次判断がまさに当てはまる。直観的に答えなさいということはすなわち，尋ねたいのはヒューリスティックな返答であり，あれこれと考えた末での返答ではないのである。

しかし，未知の事象や，未経験の出来事，あるいは多くの価値観に分かれてしまう問題などに対しては，ヒューリスティックな思考では対処しにくかったり，不合理な過ちや偏向（バイアス）を犯したりするリスクが生じる。そこで必要とされるのが分析的システムによる「熟慮的判断」である。じっくりと，場合によっては抽象的に思考し判断することで，過去の経験や習慣などを排し，様々な価値や権威などに依存しないで新たな課題に対処し，また不合理な過ちや偏向を修正することができる。熟慮なので時間もかかり，精神的労力も必要とするので効率が悪い思考方法ではあるが，そのときの気分によって流されやすいわれわれの判断を検証し，拙速な判断を正す役割を持っている。

以上のことを考え合わせると，学習指導要領での「考えを深め，判断する」ことにつながるヒントになるであろう。では，具体的にモラルジレンマ教材を使用した授業の流れを考えてみる。

[3] 道徳教育におけるモラルジレンマの活用

モラルジレンマ教材は，学習指導要領の内容項目や児童生徒の理解度や発達段階に合わせて教師自身も創作しやすいので，道徳教育の実践でも広く用いられる。そのため，実践例を探すのにそれほど苦労はしないであろう。大事なのは，ジレンマを通じて道徳的発達を促すことであるが，まずは教師が授業で行う一般的な6つの手順を示す。

①資料前半を読み，学習者に直観的な１次判断を行わせる。
まず必要なのは，学習者の直観的なシステム１（TASS）を教師が把握することである。後の２次判断で学習者がどのように判断を変えたのか知るためにまずは変化前の状況を把握しなければならない。そのために，ボードに自分たちのネームプレートを貼らせたり，各々の机の上に自分の判断を明示させたりするような「しかけ」があると，教師は把握しやすい。(第５章を参照)
②１次判断をもとにして自分の行動を考えさせる。
道徳的な感情や感覚は，思考に先行することが多いと言われている。したがって，②の段階では，なぜ自分が①の判断をしたのか，後付けではあるが考えさせてみる。
③自分の意見と他者との意見を交流させる。
この段階では，自分の意見を主張し，他者の意見を聞くことが重要であるので，相互の意見を交流させてみる。
④２次判断を行わせ，変化があった場合はその理由を問う。
モラルジレンマの授業では，基本的に段階を上げることを目標とすることが多い。子どもたちの心情が１次判断から２次判断の間にどのような理由でどう自己変容したか，その点に教師は注目する。
⑤資料後半を読み，２次判断に基づいた行動について考えさせる。
話し合いをもとに他者意識を獲得させて，他者と共によりよく生きるためにはどのように判断し行動するのか考えさせ記述させる。
⑥自分の身近な類似する場面での行動について整理する。
時間があれば，身近な事例について考えさせてもよい。

以上の流れが基本的なものである。１次判断は直観的判断なので，もともと学習者が抱いている道徳感情から導き出されたものであり，これまで説明してきたように，過去の経験や習慣などの環境的な要因が強く影響しているし，道徳教育によって簡単に変わるものでもない。だからといって，道徳教育が無力になるのではない。むしろ，簡単には変わらないからこそ，③の段階で，自分の意見を主張し，他者の意見を聞くという相互の意見交流が重要なのであり，そのあとの判断である２次判断がどのように変わるのか，それが道徳教育に課せられている大きな役割なのである。直観的判断はなかなか変化しないが，熟慮的判断は変化の余地がある。それこそが道徳教育における形成可能性であり，子どもが主体であることは確かであるが，その成否は教師にかかっている。

第2章
道徳性の発達と心の成長

1. 自律性，社会性，道徳性

道徳教育というと，個人を道徳的に立派な理想的人間へと教育することだという印象を持つ人もおそらくいるだろう。だがそれだけではなく，人間として自己の生き方を考え，主体的な判断の下に行動し，自律した人間として他者と共によりよく生きるという，他者との関わりの側面も重要である。道徳は個人だけの問題ではない。

他律的道徳観よりも自律的道徳観に高い評価を与えたり，社会よりも個人の道徳性を重視したりすることは，多くの人に誤解を与えるであろう。なぜなら人間の発達では，その前後において前よりも後がより高い価値を持つとは限らないからである。そのように考えると，個人の自律に関わる道徳性と社会性は相関関係を持つのであり，それぞれの発達段階の反応はその時々において重要である。けっして右肩上がりに進歩や発達すると考えるのではなく，またどちらかを上位に置いたり，還元されると考えたり，包括されると考えたりする必要もなく，そもそも分割して考える必要すらないのかもしれない。ただわかりやすくするために，便宜的ではあるが，本章では個人の自律性の発達が道徳性とどのように関わってくるのか，また他者や社会や環境などの関わりによる社会性の発達についての考え方や，その相互作用で浮かび上がる道徳性について考えてみたい。

[1] 将来の視点の獲得と道徳性の発達

いま自分たちが見ている物，つまり実際に目の前にある物だけではなく，その時点で直接に知覚されていない表象を補って認識する能力をわれわれ人間は持っている。たとえ目の前から物がなくなっても引き続きどこかにあるはずだとする認識を「対象の永続性」(object permanence)と呼ぶが，これは表象能力の原始的形態だとピアジェ（J. Piaget, 1896–1980）は指摘した。たとえば，手に持っている物が消える手品を見せた場合，その物がどこかにあるはずだと思って探すのは，1.5～2歳頃からだと言われるが，この対象の永続性は人間だけに限った能力ではなく，類人猿からラットまで多くの動物が持っていることがわかっている。

さらに対象の永続性は，これから先の将来に備えた行動をとる能力と結びつく。たとえいまここに起こっていないことだとしても，将来の出来事のためにいま我慢できるようになる。対象の永続性は人間以外も持っている能力であるが，将来のために我慢するという抑制能力となると，人間以外ではあまり見られない能力である。たとえば，目の前にある食べ物を我慢することは人間以外でも訓練でできるようになるが，その行為が言語などと結びついたり，強い自制心や動機づけや粘り強さを引き起したりして象徴的で抽象的な意味を持ったりすることは，人間において特異的に発達した能力だと言われている。

こうした認知上の能力が，他の情動や認識能力と結びつきながら，しだいに道徳性の発達へと関わっていくと考えられており，次の「心の理論」などもその途上で形成されてくる能力である。

[2] 他者の視点の獲得と道徳性の発達

現代社会では特に集団や周囲への気づかいも含めたコミュニケーション能力が求められるが，この能力も道徳性の発達と関連する。コミュニケーションに必要となるのが他者の心理を想像する能力であり，他者の心理を理解しての認知的な行動は，「心の理論」（theory of mind）から理解できる（詳しくは第３節を参照）。全体について観察者として他者の行動を見ている自分の認識と，他人の心の状態つまり動機，意図，知識，信念，好みなどの認知能力を想定しての他者理解とを，切り離して考えることは難しく，４歳頃から発達が始まる。自分とは異なる信念に基づく他者の行動を理解すること，さらには他者の心情への「共感」が人間の道徳性を考えるときの鍵になる[1)]。

共感とは，他者と情緒を共有したり同情など感情面で同調したりするという意味での「感情的共感」と，他者の視点を獲得し他者の思考や心情が認知的に推測できるという意味での「認知的共感」の２つがあり，「心の理論」は主として後者の認知的共感に関わるものである。共感は単なる心理的な感情で終わるのではなく，価値判断などと結びつくことで強い動機づけとなって行為へと反映され，特に集団においては，共感という感情を行動に移すことで「協力」[2)]が芽生える。

道徳教育においては前者の「感情的共感」が心情理解の基盤であり，後者の「認知的共感」が道徳的判断の基盤になる。感情的共感と認知的共感の発達の前後や主従は解明されていないが，経験などの学習や教育による双方の重なり合いで道徳性が獲得されると考えてよいだろう。

1）共感はヒト以外の霊長類にはないという意見と，ゴリラなども共感を持つという意見の両方がある。

2）近年の進化生物学の見地からも道徳性の起源は考えられている。その場合，鍵となるのは「協力」や「利他行動」である。「協力」と「利他行動」の進化に関する主な理論としては，①包括適応度の上昇，つまり血縁者の遺伝子が残ることで自分も得をするという血縁淘汰理論と，②非血縁者間の互恵的利他行動や協力の理論に分かれる。②に関しては，直接と間接に分かれ，直接互恵性（もちつもたれつという考えや，囚人のジレンマ）と間接互恵性（情けは人のためならず，他者からの評価）がある。また，②はゲーム理論などの数学的解析によっても説明ができ，そうした多くの研究成果も道徳性の理解には参考になる。

大槻　久（2014）『協力と罰の生物学』岩波書店

松尾直博（2016）「道徳性と道徳教育に関する心理学的研究の展望―新しい時代の道徳教育に向けて―」日本教育心理学会『教育心理学年報』Vol. 55, pp.165-182.

Alexander, R. D.,（1987）*The biology of moral systems*, New York.

亀田哲也（2017）『モラルの起源―実験社会科学からの問い』岩波書店

2. 自律的な道徳性の発達

「道徳性」の研究上の定義は様々であるが，物事の善悪や社会規範に対する意識であり，それらに沿った行為を行うことである。道徳性は，善悪の判断にあたる認知的側面，罪悪感などの感情的側面，規律を遵守するなどの行動的側面から捉えられたりする。道徳性を育む上では，道徳的行為のプロセスをおさえることが重要になる。おかれた状況とそれにふさわしい行為の判断を行い，適切な感情のもと，意思決定を行い，そして，道徳上，求められる行為を実行し続ける自律的な意志の力が求められる。こうした力は，子どもに初めから備わっている訳ではなく，発達とともに形成されてくるが，ピアジェは，次に示すような発達段階による説明を試みている。

[1] ピアジェの道徳性発達理論

Piaget, J., (1932) 大伴茂（訳）(1957)『児童道徳判断の発達』同文書院

ピアジェ（1957）は，次のような2人の子どものエピソードを5歳から13歳までの子どもたちに聞かせて，どちらの子どもが悪いかについて尋ね，道徳的判断の発達について調べている。

①子どもAのお話…食事に呼ばれて部屋に入るため，ドアを開けようとした。しかし，ドアの後ろにはイスがあって，その上に15個のお茶碗がおいてあった。Aはそのようなことは知らないで，ドアを開けたところ，15個のお茶碗がすべて割れてしまった。

②子どもBのお話…お母さんが留守の時に，つまみ食いをしようと戸棚の中にあるクッキーをとろうとした。クッキーは高いところにあったので，Bは手を伸ばしているうちに，お茶碗が1個，落ちて割れてしまった。

以上のようなエピソードをもとに，子どもAよりもBのほうが悪いと判断する発達的移行の時期に着目して検討が行われており，その結果，7歳頃では，見た目の物理的な損害の大きな子どもAの方が悪いという判断が多くみられるが，9歳頃になると，盗み食いをしようとしたBの方が悪いとする判断が多くなる傾向がみられている。このような移行は，行為の結果論的な判断から動機論的な判断への発達というように捉えることができる。ピアジェの道徳性の発達の考え方は，自己中心性[3]から自由になり，他者の視点に立って思考できるようになるというもの

3）前操作期（2歳頃から7歳頃まで）の子どもの心性を表すピアジェの用語である。この時期の子どもの思考と言語は，十分に社会化されていないために，自己以外の視点から考えたり伝えたりすることが難しいという特徴を持つ。

で，大人による統制や拘束による他律的な道徳観から，仲間（他者）との協同に基づく自律的な道徳観へと変化をとげていくというものである。

[2] コールバーグの道徳性発達理論

コールバーグ（L. Kohlberg, 1927–87）は，ピアジェの理論を拡張し，独自の生涯発達理論を構築している。コールバーグ（1987）は次のような「ハインツのジレンマ」と呼ばれる道徳的葛藤場面を人々に提示し，善悪の判断を求め，その理由を尋ねている。

ハインツの妻が重い病にかかっていたが，ある特効薬を飲めば彼女は助かるかもしれなかった。その薬というのは，同じ町に住む薬局が最近発見したものである。薬局は，その薬の値段を製造費の10倍の価格で販売した。夫ハインツは，あらゆる知人からお金を借りてまわったが，薬の代金の半分しか集められなかった。そこで彼は，薬局で自分の妻が死にかかっていることを話し，薬を安く売るか，あるいは後払いで売ってくれるように頼んだ。しかし薬局は承知しなかった。そのため，ハインツは絶望的になって，妻を助けるために薬局の倉庫に押し入り，薬を盗んだ。さて，ハインツはそうすべきだっただろうか。そしてあなたは，どうしてそう思うのか[4]。

4）もとの話の内容や詳細な研究手法については，ローレンス・コールバーグ『道徳性の形成―認知発達的アプローチ』（永野重史監訳，新曜社，1987）に掲載されている。

そして，表2－1に示すような道徳性の発達段階説を提唱している。この理論は，正義の操作を獲得する過程を記述したものであり，3レベル6段階で構成されている。

表2－1　コールバーグによる道徳性の発達段階

慣習以前のレベル	肉体的・快楽主義的結果で判断する
第1段階 〈罰と服従への志向〉 第2段階 〈手段的相対主義者への志向〉	罰せられることは悪く，罰を受けないことは正しいとする。物理的な結果で善悪を判断する。 自分の欲求あるいは他人の欲求を満たす行為が，正しい行為であるとする。
慣習的レベル	自分の属する家族・集団・国家に従う
第3段階 〈対人的同調あるいは「よい子」志向〉 第4段階 〈法と秩序への志向〉	家族，教師，仲間といった周りの他人を喜ばせ，助けることが良い行為であるとする。 親や教師など，権威を尊重し，社会的秩序を維持したり，自分の義務を果たすことを良いこととする。
脱慣習的レベル	権威や関係から独立して道徳的価値や原理を定義する
第5段階 〈社会契約的な遵法主義への志向〉 第6段階 〈普遍的な倫理的原理への志向〉	法律は遵守されるべきものであるが，絶対的なものではなく，合意によって変更できる。 正しい行為は，自らの「良心」に則った行為である。命の崇高さや人間の尊厳性に基づく自己の原理を発展させている。

この3つのレベルは，それぞれ順に，ピアジェの認知発達段階でいう前操作期，具体的操作期，形式的操作期に相当するものである。1つ目の「慣習以前のレベル」とは，他者の反応を考慮できず，社会組織の中での道徳という考えが存在しないレベルである。このレベルは2つの段階からなり，罰，すなわち，権力に対して他律的に服従するのが第1段階〈罰と服従への志向〉である。第2段階〈手段的相対主義者への志向〉は，自分や他人の欲求の充足の有無によって善悪の判断がなされる段階である。

2つ目の「慣習的レベル」とは，他者からの期待に応え，社会的な慣習や規則に従おうとするレベルにあたる。このレベルは，第3段階〈対人的同調あるいは「良い子」志向〉と第4段階〈法と秩序への志向〉で構成される。第3段階は，他人に喜ばれたり承認されたりすることで善悪を判断し，「良い子」というイメージに従おうとする。第4段階は，親や教師といった社会的権威や，決められた規則を尊重し，それらに従おうとする段階である。社会秩序を維持すること自体に関心のあるような段階である。

3つ目の「脱慣習的レベル」とは，道徳的な価値や原理を自ら定義し，それらに基づき判断がなされるレベルである。あらゆる人間が持つ権利や義務は何かについて熟慮し，普遍的な原理によって道徳を捉えているレベルである。第5段階〈社会契約的な遵法主義への志向〉とは，個人の権利や社会的に認められた基準をもとに善悪の判断を行うものである。規則は権威によって押し付けられたものではなく，自分たちのためにあると理解している。既存の社会的慣習を絶対的なものとみなさず，法は必要に応じて変えられると考えている。第6段階〈普遍的な倫理的原理への志向〉では，「良心」に則った行為が，正しい行為となる。論理的包括性，普遍性，一貫性に基づき，自ら選びとった「倫理的原理」に従う「良心」によって，何が正しいことかの判断がなされる。この普遍的な原理に従えば，時に法を超えて行動することもできる。ただし，この第6段階に関しては，先行研究での調査による検証において該当する者がほとんど見いだされておらず，すべての者が到達できる発達段階ではないのではないかと考えられている。

コールバーグの課題は，多くの文化において実証的な検討がなされてきており，たとえば，日本の子どもは，アメリカの子どもよりも早くから第3段階の道徳的判断を行うが，しばらくこの段階に停滞することが示唆されている（山岸，1985）。日本の文化では，他人にどう思われるかによって，行為が規定される傾向にある。「世間」が個人の行動のあり方を左右するような文化であり，こうした背景について考慮しておく

山岸明子（1985）「日本における道徳判断の発達」永野重史（編）『道徳性の発達と教育―コールバーグ理論の展開』新曜社，pp.243-277.

必要がある。文化によって，発達が進んでいるのか，そうでないのか，一様に語ることが難しい可能性もあるだろう。

[3] コールバーグ理論に対する批判とその後の展開

コールバーグの道徳性発達理論は，ピアジェの理論を大きく発展させ，インパクトのあるものであったが，その後，様々な研究者によって批判もなされてきている。以下にその主たるものについて取り上げることにする。

ピアジェやコールバーグの理論は，領域一般の考え方をとっているところがあるが，チュリエル（E. Turiel, 1938–）は，他者の福祉や権利に関わる「道徳」と，集団内の相互作用を調整し，社会秩序を維持していくための「慣習」の両者の領域を概念上，区別する必要があると主張している。社会的領域理論では，普遍的な福祉や権利に関する「道徳領域」，所属集団で決められたルールやマナーなどの「慣習領域」，余暇をどうするか，髪を伸ばすかなど，個人の自由に任される「私的領域」というように，領域を区別して道徳の問題を考えていこうとする。チュリエルは，一般化可能性，規則随伴性，文脈性，規則可変性，権威依存性の基準をもとに道徳と慣習は区別できるとしている。たとえば，道徳は，どのような文化にも適用可能で，普遍的であり，変更ができないものである。一方，慣習は，特定の社会集団においてのみ適用され，権威者による強制が働きやすい。文脈によっては，そのルールが変更されることもありうる。教育実践上，それは道徳の問題か，慣習の問題なのかについて自覚を促すことが重要になってくるだろう。「決まりだからそうしている」慣習的な行為について，「なぜしてはいけないか」という普遍的な原理に迫る問いをもたせるような働きかけが求められる。

Turiel, E.,（1983）*The development of social knowledge: Morality and convention*, Cambridge University Press.

もう１つの批判として，ギリガン（C. Gilligan, 1937–）のものが有名である。コールバーグの理論は，「正義」や「公正さ」といった男性の価値に偏ったものであり，女性は，人間関係，気配り，共感を主な原理とする「配慮と責任の道徳性」を発達の道筋とすることを主張している。こうした批判を受けて，コールバーグ自身も，道徳性の発達の多次元性について修正を試みている。「個」の確立が重視される欧米とは異なり，「思いやり」や「配慮」の道徳性は，日本文化において親和性が高いとも言える。性差のみならず，文化的にみて相対性があるという意味でも，道徳性の発達を多次元的にみる見方が大切になってくるだろう。

Gilligan, C.,（1982）岩男寿美子（監訳）（1986）『もうひとつの声—男女の道徳観のちがいと女性のアイデンティティ』川島書店

3. 社会性の発達と道徳性

[1] 社会性の発達

道徳性を社会的場面や対人関係の側面から捉えた場合，道徳性とは社会に受け入れられている規範や慣習，正義や公正さに対する意識や，思いやりなどの対人関係に対する意識であると考えることができる。そしてそこには社会性，すなわち対人関係をうまく形成，維持し，社会の中で適応的に生活できる能力が大きく関係している。本節では，社会性の発達，そして相手の心を理解する能力である「心の理論」の問題から，道徳性について考えることにする。

社会性のはじまり　社会性は，出生直後からの第一愛着対象者（多くの場合母親）との1対1の密接な関係を通して形成される情緒的な結びつき（アタッチメント）が基礎となっている。児童精神医学者のボウルビィ（J. Bowlby, 1907–90）は，このような関わりを通して，3歳過頃までに人間観，社会的スキル，自己の価値観などを含む総合的な概念が子どもの中に培われるとし，これをインターナルワーキングモデル（内的作業モデル）と呼んだ。インターナルワーキングモデルは，子どもの人格および社会的能力の基礎となるものであり，子どもはこれを応用しながら次第に周囲の人物との関係を広げていく。

Bowlby, J.,（1969）黒田実郎他訳（1977）『母子関係の理論（1）愛着行動』岩崎学術出版社

こうした対人関係の中で，子どもは自分の行動とその結果としての他者の反応との因果関係に気づくようになる。それに伴って，道徳性にとって重要な感覚である善悪の判断についての意識が生まれてくる。たとえば，3歳頃から，子どもはいたずらや失敗をしてしまった時，それを隠そうとして嘘をつくことがある。嘘をつくこと自体を悪いと考えるならば，この時期の子どもは善悪の意識に乏しいと考えられるかもしれない。しかしながら，子どもは「悪いことをした（怒られる）」とわかっているからこそ嘘をつくのであり，子どもの嘘は発達に伴う善悪の判断意識の現れによるものであると考えることができる。ただし，子どもは嘘をつくことが悪いということも理解できるため，自分の失敗と嘘の間で葛藤することになる。そのような経験を繰り返すことで，次第に適応的な対処方略を学んでいく（たとえば，失敗をしても謝れば許してもらえる）。このことは道徳性の発達を促す1つの要因になると考えられる。

幼児期における社会性の発達と道徳性　生活の中心を占めるのは遊びであり，子どもは遊びを通して知的，社会的な様々な事柄を学習する。特に，幼児期の家庭を離れた集団保育の場面においては，子どもは生活や遊びを通して保育者や仲間との対人関係を経験し，その中で自己を主

張（表現）したり，相手のことを考えて自己を抑制したりしながら，次第に社会性の発達が促される。また一方で，遊びの形態は子どもの社会性の発達にともなって変化すると考えられる。たとえば，パーテン（M. B. Parten, 1902–70）は，社会性の発達の観点から幼児期の遊びの形態をひとり遊び，平行遊び，連合遊び，協働遊びに分類した。これによると，遊びは高次になるほど友だちとの関係や役割が複雑化すると考えられている。

Parten, M. B.,（1932）Social participation among preschool children. *Journal of Abnormal and Social Psychology*, 27, pp. 243–269.

日常生活や遊びにおける仲間とのかかわりの中では，いざこざ，けんかといったトラブルも頻繁に起きる。仲間との様々なトラブルはネガティブな出来事として捉えられがちである。しかしながら，幼稚園教育要領に「道徳性の芽生えを培うに当たっては…中略…人に対する信頼感や思いやりの気持ちは，葛藤やつまずきをも体験し，それらを乗り越えることにより次第に芽生えてくる(第２章 ねらい及び内容－人間関係)」とあるように，トラブルを通しての身体的，心理的な痛みや仲直りできたときの喜びなどを体験する中で問題の解決の仕方，友達との上手なつきあい方を学んでいく。対人関係におけるこのような経験は，信頼感や思いやりといった，道徳性の基礎となる意識の発達にとって重要な機会として捉えることができる。

児童期における社会性の発達と道徳性　児童期になると，幼児期までとは異なって生活の中心が学校となり，学校における様々な経験が社会性の発達にも影響を及ぼすことになる。人間の生涯における発達課題を示したエリクソン（E. H. Erikson, 1902–94）のライフサイクル論では，児童期の発達課題は「勤勉性対劣等感」であるとされる。勤勉性とは，学業をはじめとして周囲から要請される望ましい子どもの像であり，それに適応することが発達課題となり，それがうまくいかない場合は子どもの中に劣等感が生じる。周囲からの要請に対して自律的に適応するということは，道徳性の発達においても重要な課題であると考えられる。

Erikson, E. H.,（1959）小此木啓吾訳（1973）『自我同一性』誠信書房

また，児童期においては友達との関係が社会性の発達に及ぼす影響が大きくなる。幼児期においては同じ活動（遊び）をしている対象が「友達」と認識されるため，活動が変化すると友達関係も変わりやすい。これに対して，児童期では性格や相性など，自らの主観的な認識によって評価される心理的な結びつきの対象が「友達」と認識されるため，幼児期に比べてより密接な関係を結ぶことができる。特に，小学校の中学年から高学年の時期に，親や教師の価値基準とは一線を画した，同性，同年齢の小集団（ギャング・エイジ）が形成される。ギャング・エイジの効果として，居場所があると感じること（所属感），集団への肯定的感情，集団内の他者の行動や考えを自己の行動の枠組みに取り込むこと（準

拠枠)，友達関係や集団におけるルールの学習，集団の中での適切な役割取得等が挙げられる（河原，2000)。このような友達関係を通して学習する様々な事柄は，道徳性に関わる重要な能力となる。

河原誠司（2000)「帰属集団としての同性友人集団」近藤邦夫・西村克彦・村瀬嘉代子・三浦香苗編『児童期の課題と支援』新曜社，pp.44-49.

[2] 心の理論

心の理論とは　心の働きや性質についてどのように理解しているのかといった，心に関する知識や理解のことを「心の理論」という。「理論」と呼ばれるのは，直接的には観察できない心を問題にしていることや，心に関する知識によって人間の行動の予想が可能になることによる。もともとは霊長類における心の理解について検討したプレマックとウッドラフ（Premack & Woodruff, 1978）の研究において提唱された概念で，現在では人間の認知や社会性の発達に関する重要な研究枠組みとなっている。

Premack, D., & Woodruff, G.,(1978) Does the chimpanzee have a theory of mind? *Behavioral and Brain Sciences*, 1, pp. 515-526.

心の理論の獲得を確かめるための課題の1つに，ウィマーとパーナー（Wimmer & Perner, 1983）による「誤った信念課題」が挙げられる（下の図2-1を参照)。この課題に正解するためには，A子さんの心の状態（A子さんは，人形はかごの中にあると思っている）を理解しなければならないが，その際心は現実（人形は箱の中にある）とは別に存在すること，そして両者は異なることがあるという，心の特徴（理論）について理解しなければならない(子安ら，2000)。この課題において，3歳児では現実に注目し，「はこ」という回答が多いが，4歳児になると正解である「かご」という回答が多くなる。このため，心の理論の獲得はおよそ4歳頃であるとされる。

Wimmer, H., & Perner, J., (1983) Beliefs about beliefs: Representation and constraining function of wrong beliefs in young children's understanding of deception. *Cognition*, 13, pp.103-128.

子安増生・服部敬子・郷式徹（2000)『幼児が「心」に出会うとき』有斐閣

①A子さんがお人形で遊んだ後，それを「かご」にしまって部屋を出ました。

②A子さんがいない間に，B子さんがやってきて，かごからお人形を出して遊びました。B子さんはお人形で遊んだ後，それを「はこ」にしまって出ていきました。

③A子さんが，もう一度お人形で遊ぼうと思ってやって来ました。A子さんは，人形を，どこに探しにいくでしょうか？

図2-1　日本語版「誤った信念課題」(子安，1997を参考に作成)[5]

5）子安増生（1997)「小学生の〈心の理解〉に関する発達心理学的研究」(平成8年度科学研究費報告書)，p.56.

また，10歳頃になると，「B子さんは『A子さんは，人形はかごの中にあると思っている』と考えている」というように，ある人の心の状態についての，別の人の考えが理解できるようになる。これは心の理論のうち，２次的な信念の理解と呼ばれ，相手の心の状態についてのより複雑な理解が可能になることを意味している（Perner & Wimmer, 1985）。

心の理論の獲得は，道徳性の発達とも大いに関連する。すなわち，心の理論の獲得に伴い，相手の心の状態が理解できることによって相手の気持ちを察した行動ができるようになるのである。一例として，祖父母からプレゼントをもらったとき，それが自分の好みのものとは違っていたとする。そのとき，プレゼントを自分に喜んでほしい（喜ばなかったら悲しい）という相手の心の状態を想像することで，祖父母の前では自分の気持ちを隠し，喜んだふりをするという，相手を思いやった行動ができるようになる。

Perner, J., & Wimmer, H., (1985) "John thinks that Mary thinks that..." attribution of second-order beliefs by 5-to 10-year-old children. *Journal of Experimental Child Psychology*, 39, pp.437–471.

[3] 心の理論と発達障害

心の理論と社会性との関係を考える際に，社会性の困難さを特徴とする自閉スペクトラム症（自閉症スペクトラム障害）[6)]の問題が示唆的である。自閉スペクトラム症のある児童生徒は，知的な障害がない場合でも誤った信念課題に正解することができず，心の理論の獲得が難しいことが指摘されている（Baron-Cohen et al., 1985）。しかしながら，ハッペ（Happe, 1995）によれば，自閉スペクトラム症のある児童生徒においても，言語精神年齢９歳過ぎで半数以上が課題に正解し，言語発達に伴って課題を通過できるという。ただし，この結果については，発達によって相手の心の状態が理解できるようになったというよりも，課題の状況を言語的に理解することによって正解できるようになったという可能性が指摘されている（別府・野村，2005）。実際，自閉スペクトラム症のある児童生徒においても，命題的な（言語化が可能な）水準では心についての理解は可能である。とはいうものの，他者の心の状態には言語化が難しく，その場の雰囲気で直観的に理解するものや，皮肉や相手を思いやった感情の偽りなど，表面的な言葉と実際の意味合いとが異なるものも多い。われわれは普段これらを「何となくわかること」として理解しながら生活しているが，自閉スペクトラム症のある児童にはそのような理解が困難である（もしくは，異なった解釈をしている）と考えられる。このため，自閉スペクトラム症のある児童生徒は相手の気持ちを思いやった行動が難しく，道徳性においても他者と比べて低いと判断されてしまうことがあるので，障害の特性の理解とそれを踏まえた関わり方に留意する必要がある。

6）自閉スペクトラム症（ASD；Autism Spectrum Disorder）については，第９章の「特別支援教育と道徳教育」も参照のこと。

Baron-Cohen, S., Leslie, A. M., & Frith, U., (1985) Does the autistic child have a 'theory of mind'? *Cognition*, 21, pp.37–46.

Happe, F., (1995) The role of age and verbal ability in the theory of mind task performance of subjects with autism. *Child Development*, 66, pp.843–855.

別府哲・野村香代（2005）「高機能自閉症児は健常児と異なる「心の理論」をもつのか：「誤った信念」課題とその言語的理由付けにおける健常児との比較」『発達心理学研究』，16, pp.257–264.

4. 現代社会における課題と道徳教育

ピアジェやコールバーグは認知領域の発達を全体的に考えた上で，道徳性の発達とは他律から自律へ，あるいは前慣習的から慣習的を経て脱慣習的への分化であり，全体としていくつかの段階を上昇していくと考えていた。一方でチュリエルは，社会的な認知や知識の基盤として，道徳領域，慣習領域，個人領域の3領域を想定し，認知発達はこれらの各領域の要素を持つ状況や出来事によって影響されると考え，いくつか複数の領域が同時的に関わり合って発達しているという社会的領域理論を示した（第2節参照）。チュリエル（2002，2006）によると，子どもはかなり幼い段階から，善悪や道徳に関わる事象の認知を領域ごとに混合的調整的に理解しており，それは個人や状況によって異なるという。

Turiel, E.,(2002) *The culture of morality : social development, context, and conflict*, Cambridge University Press.

Turiel, E.,(2006) The Development of Morality. *Handbook of child psychology*. vol. 3, 6 th ed., pp.789-857.

こうした道徳性の発達を学んだあとに，いじめの撲滅，あるいは情報モラルの育成など現代社会における課題の解決に向けて道徳教育はどのように関わることができるのか，青年心理学の見地も参考にしながら整理してみたい。

[1] 青年期の行動基準

中学生や高校生など，思春期の子どもたちが周囲の目を意識することはよくあり，それは成長するにつれて顕著になる。中高校生などの青年期の規範意識と個人の道徳性発達段階の関係はどのようなものであろうか。たとえば藤澤（2013）によると，青年期の行動基準として，「自分本位」「仲間的セケン」「地域的セケン」「他者配慮」「公共利益」の5つがあって，その中でも「地域的セケン」「他者配慮」が青年の行動に影響を与えているのであり，個人の規範意識は行動と関係していないという。つまり若者にとって，地域の人や知人など心理的距離の近い人との関わり（地域的セケン）が行動に強い影響を与えていたり，あるいは電車やバス，レストランなどで席が近いときなど，心理的距離が遠くても物理的距離の近い人へ配慮（他者配慮）した行動をとったりするのであって，その青年が個人として高い規範意識を持っているかどうかは，それほど行動とは関係していない[7]。こうした見地から，現代社会における道徳課題に対するヒントが得られる。

7）藤澤文（2013）『青年の規範の理解における討議の役割』ナカニシヤ出版，p.127.

従来の道徳教育では，単独の個人の道徳性の発達に気をとられることが多く，そのため，いかに個人の規範意識を高める教育を行うか，その点が重視されることも多かった。しかし，たとえ規範意識を高めたとしても，それを行動と結びつけられるかは別の問題でもあり，意識と行為の一致には大きな隔たりもあることは否めない。大久保（2011）によると，問題行動をする子どもの規範意識は高く，社会的スキルも協調性も高いという。そもそもこれらが低いと問題行動をすることも少ないので，行動に移すということは，自分が悪いことをしているとわかった上で行っていることになる。だからこそ，行動変容をもたらすためには，間接的ではあるが，周囲からの働きかけがある程度効果的であろう。

大久保智生（2011）「問題行動はどのようにとらえられるのか」『発達』127号，pp.41-48.

したがって，学級集団の中でのいじめや暴力的行為など反社会的行動があった場合，その行動をした当事者たちだけの意識や道徳性を問題とするのではなく，問題行動こそおこしていないが，その行動を学級内で容認している（知っていたにもかかわらず何の関与もとらなかった）子どもたちが，むしろ問題行動を支えていたことにもなるので，学級や学校の全員に対して道徳教育を行い，行動変容を促す必要がある。

[2] 排除と無関心

自己の視点の獲得や他者の視点の獲得は道徳性の発達とつながっている。そして，青年期には多様な価値観に触れて，自他を意識しだす過渡期でもあるので，規範についての迷いも生じやすく，相対的価値観の立場[8)]を支持することもある。これはよいことばかりでもなく，逆方向に作用する場合もある。たとえば，大人や社会に反抗するために，将来の視点をわざと放棄して短絡的な言動や行為にはしることは青年期にはよく見られる。また，集団内で構成員どうしの共感が強まれば強まるほど，集団の外に出れば部外者の「排除」につながりやすくなることもわかっている[9)]。さらに，共感を知っているということは，無視したり無関心を装ったりすることで，相手に精神的ダメージを与える術も理解できるようになる。相手の心情を予測でき，相手に悪いことをしていると自覚している者だからこそ，それを逆手に，相手に対して反道徳的・反社会的な行為に及ぶことも多い。

8）相対的価値観の立場とは，どれが絶対的に正しいかを決めることはできないとする価値観を示すこと。

9）愛情と排除に関しては，脳下垂体から分泌されるホルモン「オキシトシン」に注目する研究もある。オキシトシンは愛情や絆や信頼を高め，ストレスや不安を軽減させる効果がある。オキシトシンの量や感受性は遺伝子や幼少時に受けた愛情による。ただしオキシトシンには副作用もあり，嫉妬心を高め，他人の失敗を喜んだり，警戒心なく信頼したりする。また，差別感情も引き出し，家族や共同体への愛情が大きくなればなるほど，排他的な差別行動をとるとも言われている。

こうした歪曲した事態が想定されるため，道徳的基盤となる感情的共感と認知的共感に対して，道徳教育が積極的に関わっていく必要がある。つまり，われわれの脳や心のシステムは可塑性や順応性を備えているので，道徳教育が歪曲の是正に積極的に関与してもよい。もちろん，子どもたち一人ひとりが持っている自律的な自己変容の可能性の成熟を待つことも当然必要なのであるが，現代的課題の解決に向けて，道徳教育が無関心であってはならない。教師の中には，子どもたちが内面へと関わることについて躊躇する見方もあるが，道徳性の獲得に際しては，教育は責任を有している。子どもたちが健全な判断力や批判力を持つためにも，教師は教育の可能性を信じる必要がある。

第３章
道徳教育の目標と内容―何を教える？／育てる？―

1. 道徳教育の歴史と現在

教育は,「教えて」「育てる」と書く。だからこの語は，教育というものが，ただその子が育つにまかせるのではなく，何かを意図的に「教える」ことで，人間としての在り方（人格や能力）を「育てる」営みであることを表現している。もちろん子どもは，その子自身の育つちからをもともと持っている。この事実はとても重要である。しかしそうは言っても，人間の成長をただ育つにまかせてしまっては，その子が潜在的に持っている発達の可能性は引き出されずに終わってしまうかもしれない。教育は,「教える」という意図的な働きかけによって，その子の望ましい成長・発達（「育ち」）を実現しようとする営みである。

そしてそれは道徳教育でも同様である。まずなにより子どもは，道徳的に育つちから（道徳性発達の可能性）を持っている。道徳教育とは，教材という文化財を媒介とした授業という教育方法によって，あるいは，広く学校生活の折々における様々な働きかけの総体を通じて，子どもの道徳性発達を引き出す営みだということができる。

では，日本の学校で営まれている道徳教育は，どんな内容と目標（何を教えて・どのような人間（人格や能力）を育てるか）を備えた教育なのだろうか。その基本的な考え方について，本章では，①日本の学校における道徳教育の歴史，②学習指導要領の読み解き（現行制度の理解)，という２つの観点から迫ってみたい。日本の学校の道徳教育は，良くも悪くも，歴史的に形成されてきた制度的な営みであって，だから，問題や課題を含めたそれらの適切な理解のうえにこそ，創造的な道徳教育実践の可能性が切り開かれるからである。

[1] 教育勅語と修身科

明治期以降，アジア・太平洋戦争敗戦まで，日本の学校における道徳教育は,「教育勅語」を根本理念とした筆頭教科「修身（科)」を中心に展開されていた。まずその中身について触れておこう。

教育勅語　教育勅語は，1890年10月に明治天皇の名のもとに出された国家の道徳に関する文書の通称である。公式の名称は「教育ニ関スル勅語」という。全文で315字と短い文書だが，日本の教育の「淵源」（みなもと）を，歴代天皇の徳治とそれに対する臣民の一貫して変わらぬ忠誠という，擬制的な歴史的関係に求めている[1)]。文書の中段部分では「父母ニ孝ニ」から「一旦緩急アレハ義勇公ニ奉シ」と徳目が数え上げられているが，それら諸徳は「以テ天壌無窮ノ皇運ヲ扶翼スヘシ」，すなわち「天地と同じように永遠に続く皇室の運命を助けるべし」という文言に収斂する。国民（臣民[2)]）は「皇祖皇宗（皇室の祖先）ノ遺訓」であるそれらを，唯一の道徳として体得することが求められた。教育勅語は，明治以降の日本の学校教育がよって立つ根源的な価値を宣言するものであったが，その根源的な価値こそが，天皇（あるいは皇祖皇宗）だったというわけである（資料１参照）。

1）佐藤秀夫（2004）『教育の文化史／学校の構造』阿吽社

2）君主（日本では天皇）の支配下にある民の意。

修身　これが日本の教育の根源的価値を示すとされた以上，当時の道徳教育もこれを背景に展開された。中心的役割を果たしたのが「修身」である。中国の古典からその名がとられたこの科目は，1880年の改正教育令以降，学校教育における教科目の筆頭と位置づけられ，その体制は太平洋戦争敗戦まで続いた。つまり，太平洋戦争敗戦までの日本の学校では，道徳教育こそが中心だったということである。ただし，具体的な内容を修身の国定教科書[3)]に確認してみると，概念としての徳目を並べて理解させる「徳目主義」，またその時々の国家・社会状況のなかで「偉人」とされた人々の事績を伝えて感化させる「人物主義」などが強く，子どもの生活や道徳性発達に対する配慮の薄さが目立つ。さらに，教育勅語や修身の世界観は，天皇主権から国民主権へという戦後の国家体制の転換にともなって公的に「排除・失効」されたものであるということも付言しておきたい（「教育勅語等排除に関する決議」（衆議院），「教育勅語等の失効確認に関する決議」（参議院），ともに1948年）。

3）明治30年代後半以降，太平洋戦争敗戦まで，教科書は国家が作成する１種類だけであった。現在は検定制。

明治期以来太平洋戦争敗戦まで，日本の学校の道徳教育は，何を教えて，どんな人間を育てようとしたか――。その答えは，「天皇や皇室を中心に置いた国家の道徳を，「徳目」という形で教えることによって，国を支える「臣民」としての心を育てようとした」，である。そしてそのような戦前・戦中期の道徳教育は，目的や目標において戦後の国民主権と相容れないこと，内容（・方法）において「徳目主義」という欠陥[4)]を拭い難いことなどから，戦後は抜本的に見直されることとなる。

4）たとえば，道徳を徳目の形で知識として習得していて，テスト等で解答できる児童生徒は，それをもって「道徳的」だと言えるだろうか？

[2] 戦後教育と「道徳の時間」

全面主義と社会科　筆頭教科目であった修身は，戦後日本の学校教育から姿を消した。戦中の軍国主義との関係を踏まえてのことであった。ところで修身の廃止は一見すると，日本の学校教育における道徳教育の消滅を意味するように思われる。これをどう理解すればよいか。

もちろん消滅したわけではない。第1に，戦後の学校制度は，道徳教育を学校教育活動全体を通じて行うものと位置づけていた（「全面主義道徳」）。この考え方によれば，学校教育活動は，教科・教科外の区別なく，そのすべてがなんらかの意味で道徳教育で（も）ある。ただしそれは，各教科や特別活動の「（狭義の）道徳教育化」ではない。むしろ各教科・領域がそれぞれ固有の教育機能を発揮することで，結果的には，道徳性も含めたトータルな人格形成が為されるというのが，この考え方の趣旨である（文部省「道徳教育のための手引書要綱」1951年）。

第2に，道徳教育を人格や価値の教育と考えるならば，戦後の民主主義社会に相応しい人格を育てる新しい教科が，実は設置されていた。社会科である。「学習指導要領社会科編Ⅰ（試案）」（1947年）では，その目標として，人格の発展や社会連帯性の意識，自己の地位と責任の自覚，合理的判断，秩序や法の尊重，正義・公正・寛容・友愛など，人格や価値に関する事柄が掲げられていた（資料2参照）。

以上のように，全面主義道徳と社会科というセットの存在に着目するならば，戦後新学制は（修身と質や形式は異なるにせよ）道徳教育を必ずしも学校教育制度から排除したわけではなかったことがわかる。

「道徳の時間」特設　しかし1950年代後半には，この全面主義＋社会科という道徳教育は改められ，道徳教育を固有のしごととする学校教育活動の領域が定められることになる。「道徳の時間」の特設[5]である。

1958年，小学校および中学校の学習指導要領が公布された。同指導要領は，「学校における道徳教育は，本来，学校の教育活動全体を通じて行うことを基本とする」としており，全面主義道徳を放棄したわけではない。しかし他方，「各教科，特別教育活動および学校行事等における道徳教育と密接な関連を保ちながら，これを補充し，深化し，統合し，またはこれとの交流を図り，児童の望ましい道徳的習慣，心情，判断力を養い，社会における個人のあり方についての自覚を主体的に深め，道徳的実践力の向上を図るように指導する」ものとして「道徳の時間」を定めた。ただしそれは教科ではなく，指導要録への評価の記載はない。教科書も存在せず，授業は副読本等を用いて行われることとなった。道徳教育の免許状も存在せず，「道徳の時間」を担当するのは学級担任が原則となった。これが「道徳の時間」の基本的な性格である。

以後半世紀以上にわたって，「道徳の時間」は大小様々な変遷を経験した。内容（教材）面で言えば，1960年代中盤以降，古今東西の物語・

5）当時は「特設道徳」とも呼ばれた。小学校においては「教科以外の活動」，中学校においては「特別教育活動」の時間から毎週1時間を振り分け，年間35時間の授業時間を確保することとなった。

童話・伝記等など読み物資料の読解（心情理解や共感）が授業の典型となっていった。だがそれ以上に，学校行事や他教科の指導に振り替えられるという形骸化が問題視された。また，「道徳の時間」を通じて身につけるべき人格や能力のあり様（目標）も，時代の要請によって変遷する。1966年の中央教育審議会答申では，「正しい愛国心」や象徴としての天皇への畏敬の念など，国家との関係が強調される。1977年の学習指導要領では，「道徳的実践力」が強調された。90年代末以降は「心の教育」が強調され，2002年には補助教材「心のノート」が全国の小中学校で配布された。背景には，神戸連続児童殺傷事件（1997年）など深刻な少年犯罪の社会問題化があった[6]。また1980年代以降，教育問題として「定着」した「いじめ」[7]への対応が，「道徳の時間」に課せられた。

道徳教育の可能性と限界　ただし，このような教育目標や内容の変遷は，道徳性発達の学問的理解や道徳教育の理論的・実践的深まりの純粋な帰結というよりは，「道徳の時間」が，その時々の国家や社会，政治の課題の，あるいは教育諸問題の，安直な処方箋の役割を負わされてきたという側面が強い。そこには，子どもの道徳性発達に対する過度な不信と，道徳教育に対する過剰な期待があるように思われる[8]。

実際には，凶悪犯罪の減少や抑止は道徳教育と無関係とは言わないまでも，直接的には，より広義の社会政策に求められるべき事柄であろう。むしろ，道徳教育と犯罪対策を安易につなげる見方は，児童生徒を犯罪者予備軍のような目で見ることにもつながりかねない。また，いじめ問題への対処が現代の学校に課せられた重大な課題であることは間違いないが，しかしたとえば道徳の授業で安易にいじめを取り上げた結果，かえって現実のいじめが潜在化・過激化するという事態もないとは言えない。道徳の授業でいじめを扱うならば，児童生徒の人間関係の機微についての深い理解を前提とした，周到な授業づくりの努力が必要とされるはずである。いずれにしても，道徳教育の可能性と限界についての冷静で客観的な反省もまた，今後の道徳教育（論）の重要な課題である。

6）ただし，警察庁の犯罪統計などによれば，少年の凶悪犯罪が量的な意味でこの時期以降目立って増加したとは言えない。青少年の規範意識について単なる印象で論評しその処方箋として道徳教育を論じることは，道徳教育のゆがみをもたらし得ることに注意が必要である。

7）「いじめ」の語を社会に定着させた象徴的な事例として，1985年に東京都の中学生がいじめを苦に自殺した事件（「葬式ごっこ」事件）が挙げられる。

8）非常に重大ではあるがごく少数の猟奇的な凶悪犯罪を安易に一般化して，日本の青少年全体の「心の闇」を喧伝することは合理的とは言えない。またどれだけ優れた道徳教育であっても，そのようなごく少数の例外的な犯罪をゼロにすることはできない。道徳教育にはなにがどこまで期待できるかという点を明らかにすることも，今後の道徳教育論の課題である。

2.「特別の教科　道徳（道徳科）」の学習指導要領を読み拓く

前節では，明治期から近年までの日本の学校における道徳教育の歩みを振り返ってきた。日本の道徳教育は，その時々の国家や社会のあり方に規定されながら現在に至る。現在と未来の道徳教育には，歴史的に蓄積されてきた課題や問題の克服・解決に向けた，学問的・制度的・実践的努力が求められている。このことを意識しつつ，本節では現在の道徳教育の基本的前提（[1]），新しい理論上のキーワード「資質・能力」

（[2]），そして「特別の教科　道徳」の資質・能力を育てるために準備されている教育の内容（[3]）について確認しておきたい。

ただしもちろん，道徳科は（特別の）教科としてスタートしたばかりであって，学習指導要領が完成された道徳教育を表現しているわけではない。道徳科は今後ますますの学問的・実践的な吟味・探求を必要としているのであり，ここでの趣旨は，あくまでその吟味・探求の1つのスタート地点として，現在の日本の学校教育に求められている道徳教育のあり方を確認することにある点を強調しておきたい。

[1] 現在の道徳教育の基本前提

道徳教育の広義と狭義　現在の日本における道徳教育は，広義と狭義に分けることができる。広義の道徳教育とは「学校の教育活動全体を通じて」行われる道徳教育のことであり，先に触れた「全面主義」の枠組みが継承されたものである。他方狭義の道徳教育とは，「道徳の時間」の改革によって誕生した「特別の教科　道徳（道徳科，法令上の名称は「特別の教科である道徳」）」を指す。両者の関係は，学校の教育活動全体を通じて行われる道徳教育（前者）の「要」として，道徳科（後者）が位置づくというものである。各学校の「道徳教育推進教師」が中心となり，道徳教育の全体計画に基づく道徳科の年間指導計画（各学年の基本方針，指導の概要など）を作成することが求められている。

「特別の教科」とは　これを前提に，以下，主として道徳科を中心に考えていきたいが，まず解説が必要なのは，「特別の教科」という表現だろう。教科ではなく「特別の教科」であることの含意はなにか。

一般に教科であることの条件としては，①教科書，②教科の専門免許状，③学習達成の評価，の3つが挙げられる。このうち道徳科が満たしているのは①と③のみであり，また③についても，他教科のような数値による評価（評定）は行われない。これは，道徳科の教授・学習活動において他教科のような「答え」を定めづらく，にもかかわらず無理に評価することが，人間の内面性の序列化や価値の押しつけといった望ましくない事態を引き起こすことへの危惧がある。このように，道徳科固有の性格が，一般的な意味での「教科」化に馴染まないため，「特別の教科」という新しいカテゴリーが設けられたと考えられる。

[2] 資質・能力とはなにか

資質・能力の3つの柱　このように道徳科は，従来学校教育活動の1領域であった道徳を「特別の教科」化したものという意味でその固有性が際立つが，他方で，2017年3月に公示された新しい学習指導要領においてすべての教科を貫いて導入された，ある理論的前提を共有している点も重要である。いわゆる「資質・能力」である。

ここでは資質・能力を，新しい学習指導要領において児童生徒に育成すべきとされている（潜在的・顕在的な）人格や力量のあり方を指すものと理解しておきたい。児童生徒が潜在的に保持しており，かつ，学校教育全体や各教科等の指導において育成されるものとしてのこの資質・能力は，しばしば以下の３つの柱として示される。

①「何を知っているか，何ができるか（個別の知識・技能）」
②「知っていること・できることをどう使うか（思考力・判断力・表現力等）」
③「どのように社会・世界と関わり，よりよい人生を送るか(学びに向かう力，人間性等)」

この資質・能力の特徴は，それが方法知と内容知の２つの側面を持つという点である。正確に言えばそれは，①学習活動の前段階においては，学習者がもともと持っている学習活動に取り組む際の力量（方法知）である。ただし学習者は，学習活動（における試行錯誤）によって新たな内容知を獲得して，次の活動に取り組む際の方法知として活用できるようになる。したがって②学習活動の後においては，その学習活動によって内容知を獲得することで卓越化した，新たな方法知でもあるものが，資質・能力なのだと言える。つまり「学ぶ能力」であり，かつ「学んだ結果」でもあるのが，資質・能力である[9]。

9）国立教育政策研究所編（2016）『資質・能力理論編』東洋館出版社

道徳科の資質・能力　そしてこの考え方は，道徳科においては，指導要領上の目標の文言に即して，以下のように整理できる。

【道徳科の目標（小学校）】
「（略）よりよく生きるための基盤（c１）となる道徳性を養うため，道徳的諸価値についての理解（a）を基に，自己を見つめ（c２），物事を多面的・多角的に考え（b），自己の生き方についての考えを深める（c３）学習を通して，道徳的な判断力，心情，実践意欲と態度を育てる。」

（下線は筆者）

【道徳科の目標と「資質・能力」の３つの柱の対応】
(a)「何を知っているか，何ができるか（個別の知識・技能）」
(b)「知っていること・できることをどう使うか（思考力・判断力・表現力等）」
(c)「どのように社会・世界と関わり，よりよい人生を送るか（学びに向かう力，人間性等）」

道徳科の目標中にある下線付きの（a）（b）（c）は，それぞれその下に示した資質・能力の3つの柱と対応する[10)]。また前二者は，道徳科における学習活動の要素とも言われ，それぞれ（a'）「道徳的諸価値の理解と自分自身に固有の選択基準・判断基準の形成」，（b'）「人間としての在り方生き方についての考え」というように整理される場合もある。その場合，残る（c）は，前二者に取り組むことを通じて育成される，道徳教育・道徳科における資質・能力それ自体（「人間としてよりよく生きる基盤となる道徳性」）として再定式化される。すなわち，指導要領を貫く一般的な資質・能力（a，b）と対応した前二者を含んだ学習活動に取り組むことによって，道徳科に固有の資質・能力である道徳性（その諸様相としての道徳的判断力，心情，実践意欲と態度）が養われるという訳である[11)]。

10）道徳教育に係る評価等の在り方に関する専門家会議（2016）「特別の教科　道徳」の指導方法・評価等について（報告）」

11）浅見哲也（2017）「学習指導要領改訂のポイント　道徳科」『初等教育資料』7月号，pp.14-25.

やや煩瑣になったが，ともあれ資質・能力の原義に戻って考えれば，道徳科における児童生徒の成長や学びは，次のように想定されているといえる。すなわち児童生徒は，道徳的に育つちからを（潜在的に）備えている。道徳的諸価値を理解し自分自身に固有の選択基準・判断基準を形成する潜在的力量，人間としての在り方生き方について考える潜在的力量，そして，よりよく生きるための基盤となる潜在的な道徳性（道徳的な判断力，心情，実践意欲と態度）の3つがそれであり，道徳科とはそんな潜在的な道徳の力量を引き出し豊かにしていくもの，という想定である[12)]。

12）このことは，道徳科の指導というものが，子どもという「白紙」に大人がルールを一つひとつ書き込むといったようなことではなく，教師は子どもたちが本来持っている道徳性発達の可能性を尊重・信頼すべきだ，ということを意味しているとも言える。

道徳性発達の深い理解　ただし，資質・能力なるものの（表面的な）理解がはらむ陥穽の可能性にも，しっかり目配りをしておきたい。先ほどからの資質・能力の説明は，ややもすれば，右肩上がりでつねに道徳的に向上し続けるような児童生徒のイメージを惹起しがちである。自ら成長するちからを潜在的に持っている子どもが，学習活動を淀みなくこなして，順調に潜在的な力量を顕在化させていく，というように。

しかし実際には，道徳性の発達において，児童生徒がたどる筋道は極めて多様である。のみならず，たとえば思春期の生徒の行動は，不道徳な逸脱や退行のようにすら思われることもあるだろう。しかし，思春期の精神的な揺れ動きなどは，それ自体が道徳的発達のプロセスの必然的な一コマですらありえる[13)]。そしてそもそも，資質・能力（あるいは諸外国でいう「キー・コンピテンシー」）というアイデアの原義から言っても，子どもの成長プロセスにおける試行錯誤は，それ自体が指導上重視されるべき，潜在的な成長・発達可能性の発露という側面がある。

13）これは教育学においては古典的な主題である。たとえばフランスの教育思想家J・J・ルソーは，青年期を「第2の誕生」と呼んだ。青年期（思春期）とは，大人たちの庇護下で作られた少年期までの自分自身を壊して，新しく作り直すという自立の時期である。これは道徳性発達における「自立／自律」という考え方から言っても，極めて重要である。

まして道徳科の学習は，他教科と違い，教師が必ずしも正答を示せるようなものではない。そのような道徳科の性格を踏まえる意味でも，道徳性発達における（ときに逸脱や退行にも思える）試行錯誤を，その子なりの成長・発達にとって必然的な理由のある振る舞いとして捉える「子ども理解」の実践的自覚が重要である。その実践的自覚こそが，ひいては，資質・能力という抽象概念を超えて，目の前の固有名の子どもの，その子自身の固有の道徳的な育ちを理解し支えるという，より高次の教育実践の段階への，とば口のように思われる。

[3]「特別の教科　道徳（道徳科）」の内容

では，そのような資質・能力，あるいは，子どもの道徳性発達の可能性を引き出すために，道徳科は，具体的にどのような教育／学習内容[14]を組織すればいいのか。何を教えれば，道徳科の資質・能力は育つのか。これは言い換えれば，「その教科等の学習内容を関連付けて統合し，その本質を捉えたもの」，すなわち，「特別の教科　道徳」に固有の「見方・考え方」はなにか，という点とも重なる[15]。この点について最後に触れておきたい。

道徳科の内容項目　道徳科の具体的な教育内容を制度的に定めているものとしては，学習指導要領，さらにその中でも「内容項目」がある。内容項目は，道徳教育の目標を達成するために指導すべき道徳教育の内容を，「第１学年及び第２学年」（19項目），「第３学年及び第４学年」（20項目），「第５学年及び第６学年」（22項目），さらに「中学校」（22項目）という形で発達段階別に組織したものであり（資料３参照），各段階の内容項目は，以下の４つの視点で整理されている。

14）一般に「教育内容」の語はしばしば，伝達されるべき知識等（教材など狭義の「内容（コンテンツ）」）だけではなく，目的・目標やその方法（どのように伝えるか）を含めたものとして広義に使用される。実際，教育における（狭義の）内容と目的・目標や方法などは，実際には分かちがたい。しかしここでは便宜的に，主として（狭義の）内容（コンテンツ）を念頭に概説し，広義の教育内容（「なにを如何に教えるか」）については次章で扱いたい。

15）国立教育政策研究所編（2016）前掲書，p.37.

A　主として自分自身に関すること
：自己の在り方を自分自身との関わりで捉え，望ましい自己の形成を図ることに関するもの
B　主として人との関わりに関すること
：自己を人との関わりにおいて捉え，望ましい人間関係の構築を図ることに関するもの
C　主として集団や社会との関わりに関すること
：自己を様々な社会集団や郷土，国家，国際社会との関わりにおいて捉え，国際社会と向き合うことが求められている我が国に生きる日本人としての自覚に立ち，平和で民主的な国家及び社会の形成者として必要な道徳性を養うことに関するもの
D　主として生命や自然，崇高なものとの関わりに関すること
：自己を生命や自然，美しいもの，気高いもの，崇高なものとの関わりにおいて捉え，人間としての自覚を深めることに関するもの

各項目の詳細については指導要領解説に譲りたいが，少しだけ付言し

ておくと，まず内容項目は，短い文章とそれを短く表すキーワードで表現されている。それぞれの内容項目は，指導要領が児童生徒に学び深めることを求める道徳的価値を含んでいる。先に道徳科の学習の要素として「道徳的価値の理解を基に自己を見つめ，物事を多面的・多角的に考え，自己の生き方についての考えを深める」という点を挙げたが，それぞれの内容項目は，この学習活動の主題を定めているという訳である。

内容項目の捉え方　ただし注意しておきたいのが，このように内容項目が定められているからとって，児童生徒の道徳性発達の実態を無視してこれらを単に順番に消化するような指導を行うようでは，適切な道徳科の授業とは言えないという点である。

先に触れたように，児童生徒それぞれの道徳性発達の筋道は多様であり，当然，その時々の発達課題も異なる。また発達障害など，指導上の配慮を必要とする児童生徒も少なくない。道徳科を担当する教師は，そのような個々の児童生徒の道徳性発達の段階を適切につかみ，それと教育内容を折り合わせつつ，実態に即した指導の見通しを持つことが求められる。また指導においては，場合によっては特定の内容項目の取り扱い時間を増やしたり，あるいは異なる内容項目を関連づけて指導すること，また必要であればここに示された以外の内容を加えるような努力が必要になってくることも考えられる。

さらに，ここに示されているのはあくまで学習活動において児童生徒が取り組むべき内容なのであって，児童生徒が為すべき特定の判断や行動が定義されているわけではないことも重要である。道徳科の学習で重要なのは，価値を含んだ内容の学習に取り組むことで，児童生徒の道徳性が豊かに育つこと（自己との関わりにおいて，多面的・多角的，あるいは広く深く考えることができるようになること）である。もちろん学習の結果として，児童生徒が道徳的な判断や行動を自主的に選択するようになることは望ましいが，特定の道徳的判断や行為をさせることが道徳教育や道徳科の目的・目標ではないことは注意しておきたい。

いずれにしても，児童生徒それぞれの個性的な道徳性発達のあり方を，少なくとも学校にいる限りでの彼ら彼女らのそれをもっとも深く知り得るのは，身近にいる教師である。道徳教育や道徳科授業の成否は，そんな教師たちの主体的な実践の努力にかかっている。

第4章
道徳教育の方法と評価―どのように教える？／振り返る？―

前章では，道徳教育（道徳科）において何を教え（内容），それによって子どものどんな人格や能力を育てるのか（目標）という点について，道徳教育の歴史と現在の制度を踏まえながら示してきた。しかし，道徳教育の目標は，授業で扱う内容を児童生徒の前にただ並べるだけでは達成されない。教育実践においては，何をどのように教えるか，すなわち方法の自覚が重要となってくる（そもそも教育の内容と方法は，実際には分かちがたい）。むしろそのような方法的自覚こそが，教育実践なるものの専門性の中心と言っても過言ではない。

この道徳教育の方法について，本章では3つの観点から整理しておきたい。①広義の道徳教育（学校教育活動全体を通じた道徳教育）およびそれと相即して行われる「子ども理解」の重要性，②それを踏まえた道徳科の授業，そしてさらに，③実践された道徳科授業の反省的契機としての評価についての3点である。

1. 日常のなかで子どもをつかむ

広義の道徳教育　道徳教育は道徳科の授業だけで行われるわけではない。これは，道徳性発達が個人の生活のあらゆる局面で起こりうること，言い換えれば，個人の道徳性発達を媒介する契機は，生活のあらゆる局面に存在しているという事情による。児童生徒が学校にいる時間（学校での生活）だけを考えても，そんな契機は無数に考えられる。学校の備品を壊してしまったとき，休み時間に友だちとケンカしたとき，生徒会活動で意見がぶつかったとき，授業で戦争について学習した時，教室で飼育していた生き物が死んでしまったとき…，それは，児童生徒たちが道徳性を発達させる契機（チャンス）である。

このような生活のなかの契機を捉えた指導としては，学級活動やホームルーム活動がある。学校の日常生活で生じた課題や問題（物が壊された，ケンカが起こったなど）の話し合いは，言わば「みんなにとっての善いこと」を追求する活動であり，それはうまくすれば児童生徒の他者理解やルールの主体的・対話的な吟味を促し，ひいては，彼ら彼女らの道徳性（道徳的判断力，心情，実践意欲と態度）を向上させる。

他方児童生徒の道徳性発達の契機は，教科の学習のなかにもある。社会科で社会の様々な問題や課題を知ることは，児童生徒の道徳性を現実の社会や歴史に開かれたものにする。理科の学習から環境問題への取り組みに興味を持ちはじめる児童生徒がいれば，それは理科をとおした道徳教育とも言える。

ただし，ここで言う教科を通じた道徳教育は，各教科の本質を変える（道徳化する）ことではなく，むしろ各教科の本質に即することが道徳性発達も促す，という意味である。各教科はそれぞれ固有の文化的・教育的価値を追求しており，そのような教科の本質を無視した他教科の道徳化は，場合によっては他教科の固有の学習機会を児童生徒から奪ってしまうことにもなるため，慎重に避けられなければならない。

「子ども理解」　また広義の道徳教育の自覚は，道徳科の授業にも手がかりを与える。道徳科の授業では，他者との比較ではなく，児童生徒個々人の道徳性のあり様が過去と比較してどれだけ豊かになったか，深まったかが重要である[1]。よって道徳科を担当する教師は，そのような児童生徒一人ひとりのその時点での道徳性のあり様，あるいは現に直面している道徳性の発達課題を深く理解しておく必要がある。道徳的判断力や心情，実践意欲と態度の観点から，クラスの児童生徒はそれぞれ何が出来て何が出来ないのか，あるいは，何に憧れ，どんな人生を生きたいと考えているのか――，これを深く理解しておくことは道徳科の基本である。ここではそれを「子ども理解」[2]と呼んでおきたい。

1）本章３－［1］の「個人内評価」の解説も参照。

2）この表現は，日本の教師たちがしばしば用いる実践的表現であり，教育学の理論においては「診断的評価」や「形成的評価」とも呼ばれる。教育評価論については後述する。

その際重要なのは，児童生徒はまさに発達の途上であるがゆえに，自分の道徳性のあり様や，自分自身の生き方についての考えを，必ずしも正確に自覚し言葉で伝えられるとは限らない点である。たとえば，友だちと仲良く遊びたいと思っている子が，その思いをうまく表現できず，言動が攻撃的になってしまうことはよくある。その場合に教師が，攻撃的な言動を規制することのみに囚われ，ケンカがなくなることをもって道徳教育の完了と考えるなら，その子の道徳性発達の契機は見過ごされている。むしろ，自分の願い（友達と遊びたい）とその表出（攻撃的な言動）の矛盾はその子が乗り越えるべき課題であり，その意味で，その子の道徳性発達の重要な契機である。このことの深い理解こそが，教師の道徳教育実践（道徳科授業実践）の手がかりを与える。

「子ども集団の理解」　さらに言えば，ここに言う「子ども理解」は，「子ども集団の理解」でもある。一般に道徳は，集団が持つ判断や行為の慣習という側面も備えている。たとえばいじめにおいて，いじめる側は，相手が憎いわけではないのに，なんとなくクラスの雰囲気に付和雷同していじめてしまうということがある。これは個人の振る舞いがいかに集団に規定されているかを物語っている。

だとすれば，子どもが集団として持っている道徳性の段階や質，傾向性を把握することは，道徳教育の重要な課題となる。個人としてはいけないとわかっているが，集団のなかにいるとやってしまう問題行動というものがある（たとえばいじめなど）。他方，一人（個人）ではできないが集団だとできる望ましい行動というものがある（諦めずにリレーを走り切る，など）。集団はそんな形で児童生徒をよくも悪くも規定する以上，道徳教育では，個人の道徳性を育てることと同時に，集団の慣習としての道徳の実態をつかみ，それを育てていくことが必要である。

2. 道徳科の授業づくり

以上のように広義の道徳教育とそのなかでの「子ども理解」の重要性を踏まえた上で，次に焦点となってくるのが，「要」と位置づけられた道徳科の授業である。本書後半ではこの道徳科の授業づくりの実践的な解説や実例などが豊富に準備されているため，ここでは道徳科の授業づくりの基本的な考え方や原理について整理しておきたい。

[1]「考え，議論する道徳」科の授業

「考え，議論する」の意味　最初に触れておきたいのが，現在の道徳科の基本的性格としての「考え，議論する道徳」についてである。『小学校学習指導要領解説　特別の教科　道徳編』（2017年）によれば，この背景には，「特定の価値観を押し付けたり，主体性をもたず言われるままに行動するよう指導したりすることは，道徳教育が目指す方向の対極にあるものと言わなければならない」「多様な価値観の，時に対立がある場合を含めて，誠実にそれらの価値に向き合い，道徳としての問題を考え続ける姿勢こそ道徳教育で養うべき基本的資質である」という考え方がある。「考え，議論する道徳」は，そんな含意を持っている。

これについて少し敷衍してみよう。道徳科で扱われる内容は，道徳的価値という，他教科で扱われる客観的知識とは性格を異にするものを含んでいる。道徳的価値は，他教科で扱う諸事実の知識のように客観的に確かめることが難しく，またそれが内面化されることによって個人の人格のあり様を規定するという性質を持っている。その価値を押しつけることは，ややもすれば，恣意的な価値によって学習者の内心の自由を侵害するものとなる。これは慎重に避けられなければならない。また，「道徳的」の語がそれ自体として，人間としての主体性（自律性）を含意し

ていることも踏まえれば[3]，他者（教師）の価値の押し付けにしたがって判断し行動する人間を育てることは，道徳教育の趣旨を裏切っている。したがって道徳科の授業は，教師の（あるいは学習指導要領の）定めた価値で学習者を染め上げるのではなく，個々の児童生徒のなかに形成されつつある価値観を粘り強く互いに確かめ合い，そのことを通じて，彼ら彼女らのうちにある道徳性発達を促進するということになる。このことの表現が「考え，議論する道徳」だと考えられる。

3）とりわけ，ドイツの哲学者I・カントの倫理学（義務論）では，この自律性を道徳性の中心に据えている。また徳倫理学においても，有徳な人物の選択（プロアイレシス）という考え方がある。カントについては，第1章を参照。

「考え，議論する道徳」科の授業――ここではそれを，教師が価値を押し付けるのではなく，児童生徒が，授業で示された主題を巡って，個々人の価値観を確かめ合い，結果として，それぞれの道徳性が高まっていく時間としてイメージしておきたい。またそれは，単に知識としての価値の理解を深めるだけでなく，個々人の生き方との関わりにおいて深められる必要がある。

教材の道徳的価値　では，そのような授業は如何にして可能か。ここで「考え，議論する道徳」科の授業のカギを握るのは，使用する教材の質や選択である。したがってここでは，道徳科の教材研究における基本的な考え方を確認しておきたい。

教育学の議論において，教材はしばしば2つの意味で「メディア（媒体，媒介物）」だと言われる。すなわち，①学習者の既知の概念・認識・思考様式（日常世界の知識）を，科学や芸術など世界に蓄積されている知識や技術，価値などに向い合わせる媒体（メディア），②教師の「教え」と学習者の「学び」を結びつける媒体，の2つである[4]。①の意味に即せば，道徳科の教材は，子どものなかに育ちつつある道徳性を，人類の蓄積してきた文化財としての道徳的価値と向かい合わせることで，前者を育てるものであり，②の意味では，学習者の道徳性発達を，育つにまかせるのではなく，教えるという意図的・計画的な営みによって助成するという教師のしごとにむすびつけるものだと言える。

4）船橋一男（2009）「unit 14メディアとしての教材と教科書」木村元ほか著『教育学をつかむ』有斐閣

そうしてみれば，とりわけ①にかかわって，教材研究の眼目は，教材が持っている，学習者に触れさせ，考えさせたい道徳的価値（内容項目）をしっかりとつかむことである。仮に，「思いやり」について考え議論する授業で，「思いやり」について深める契機をまったく持っていない教材を使用しては，授業は成り立たないだろう。また，「思いやり」についての事柄を含んではいるが，せいぜいすでに学習者が身につけている程度の浅い理解しか提供しない教材は，授業を退屈にする。わかり切ったことを確認するだけの授業は，確実に学習者を飽きさせる。だから道徳科の教材は，単に関連する価値を含んでいるだけでなく，それを学習する児童生徒の道徳性発達の段階に相応しい質・度合いの価値を含んでいる必要がある。その見極めが，教材研究のポイントである。

道徳科の教科書　ところで，教材の最たるものと言えば，教科書である。道徳科の教科書は，「特別の教科　道徳」の発足によってはじめて作られたものであり，その中身としては従来の副読本の内容も多く収録されているとはいえ，教科書の分析（教材研究）は今後の道徳科授業実践の重要な課題となっていると言える。教科書の教材研究も，その基本が，個々の教材が持っている道徳的価値をつかんだ上で，学習活動のなかで適切に提示することにある点は変わらない。ただし道徳科の場合に想定される固有の問題（課題）も考えられる。

1つは，教科書という形式が価値の押し付けの授業を意図せず促進しかねないという点である。教科書は学習者にとって，その内容を学習（内面化）することを要請されている，規範的な事物である。たとえ教師が意図しなくとも，学習者は教科書に示された事柄について考えるのではなく，そのまま内面化してしまうかもしれない。そのような道徳科の授業は，結果的には「考え，議論する」ことのない，単なる価値の押しつけの授業となる危険がある。

また教科書は，その教科においてなにをどのような順序で学習するかという点を実質的に定めてしまう。これは，道徳性発達の観点からみて危うい側面を持つ。後にも触れる通り，道徳性発達の筋道は多様であり，学習者の生活のなかで生じる道徳性発達の課題の発生順序は，教科書に示された順序や時期と必ずしも一致するものではない。したがって道徳の教科書を用いた学習（指導計画）は，どうしても個々の学習者の実際の道徳性発達の筋道から乖離する可能性を排除できない。

道徳的価値の押しつけ（教科書が示す価値の丸呑み）をどのようにして防ぐか，また児童生徒の道徳性発達の筋道との乖離をどうやって埋めるのか――，これは理論的な解決を構想するというよりは，実践的な課題として位置づく類のものである。道徳科を担当する教師には，そのような極めて難しい実践的探求も求められている。

[2] 様々な授業（教材）

ところで，先の道徳科に固有の問題に対処するには，教科書以外の教材を積極的に組み入れるということが，1つの回答になりうる。そこで本節の最後に，例として，ロールプレイを用いた授業，また構成的エンカウンターという心理学の手法を用いた授業について簡単に触れておきたい。このほかにももちろん様々な授業方法（教材）が考えられるが，いずれを採用するにしても重要なのは，児童生徒の道徳性発達の筋道や課題のあり方に即すという発想であることを強調しておきたい。

ロールプレイを用いた授業　役割演技とも呼ばれる，劇の要素を取り入れた授業。たとえば，教科書など読み物資料から適切なものを選び，登場人物のセリフや振る舞いを学習者が劇の形で再現する。そのことを通じて学習者が，登場人物の考えや言動の意図・理由を，読み物資料を読む時よりも深く，あるいは異なる形で実感することが期待できる。うまくすれば，考えや言動の意図や理由についての異なる理解がつき合わされることで，対話的・共同的に価値についての理解が深められる。

構成的エンカウンターを用いた授業　構成的グループエンカウンターは，社会心理学の知見を用いた実践技法である。「構成」とは「枠を与える」という意味であり，参加者は決められたルールに基づくエクササイズを体験する。「エンカウンター」とは「出会う」という意味である。参加者は，ある種のゲームのようなグループエクササイズを経験する中で，他者を深く理解し，新たな自分を発見するという[5]。

たとえば「権利の熱気球」というエクササイズで，学習者たちは，10個の「権利」に順序をつける。「私だけの部屋をもつ権利」「正直な意見が言え，それを聞いてもらえる権利」「愛し，愛される権利」など，どれが自分にとって，またグループのメンバーにとって大事なものか，異なる価値観がつき合わされ，そこから他者理解や自己理解，あるいは自己の価値観の変容が促される[6]。

5）國分康孝ほか編(2004)『構成的グループエンカウンター事典』図書文化社

6）國分康孝監修，國分久子・片野智治編(1997)『エンカウンターで学級が変わるpart 2中学校編』図書文化社

3. 道徳の評価についての理論的考察

一般に評価と言えば，漢字や計算の小テスト，中間テスト，期末テスト，あるいは各種の入試や検定試験など，学習者の達成度を筆記テストなどを用いて数値化して表す，といったことが想起されるだろう。これはそもそも近代という時代が持つ，人間を「身分」などではなく「能力」によって測り，その処遇を定めるという性格が深く関わっている。一般に評価とは，その人物の処遇を定めるために，能力を測定し，その質や度合いを証明するしごとである。

しかし教育学における専門用語としての評価 evaluation の原義は，そのような測定と証明というはたらきを含みつつも，それに留まらない。そして「特別の教科　道徳」における評価を理解するには，ここに言う評価の語の広がりを予め理解しておく必要がある。だからここでは，いわゆる教育評価についての最低限の知識（教育評価の種類や機能）を解説した上で（[1]），それを踏まえて「特別の教科　道徳」で求められている評価の考え方について示しておきたい（[2]）。

[1] 評価とはなにか[7]

相対評価と絶対評価　評価には，大きく分けて２つの種類（考え方の違い）がある。相対評価と絶対評価である。

相対評価とは，個人を，その個人が属する集団のなかでの相対的な位置・序列によって表す評価である。代表的なものに小・中学校の通知表やその原簿となる指導要録でかつて使用されていた５段階相対評価の評定，進路指導で使用される偏差値がある。いずれも，正規分布曲線という統計学の理論を前提とした，「客観的」な評価方法と考えられてきた。

この相対評価と対になるものとして絶対評価があるが，これは歴史的には３つの意味で使用されてきた多義的な言葉である。第１は，戦前日本で広く行われていた教師の主観的な評価，あるいは西洋中世の大学における学位授与，伝統芸能の資格認定（認定評価）などに見られる評価である（狭義の絶対評価）。先の「客観的」な相対評価は，これらの主観性・恣意性を克服しようとするものであったとも言える。第２は「目標に準拠した評価」である。これはまず評価者から独立した客観的な規準・基準として目標を設定する。そして学習者は，（集団のなかでの位置に関わらず）この目標の達成に応じて評価される。日本の近年の評価改革においても広く採用されている考え方である。そして第３が，個人内評価である。これは言わば，学習者個人を規準とする評価であり，他者との比較ではなく，その学習者個人の持ち味や努力，達成の質を継続的かつ全体的に評価する。具体的には，その学習者の過去の達成と比べて，現在の進歩の度合いを評価する縦断的個人内評価や，その学習者個人の各種の力量や特性を明らかにする横断的個人内評価がある。

教育評価の３つの機能　また教育評価には，診断的評価，形成的評価，総括的評価という３つの機能がある。診断的評価とは，働きかけ（指導）の前の学習者の状態を把握する評価である。具体的には，入学時，学年のはじめ，単元開始時などに，学習者の既有知識，それまでの学習の達成度，興味関心や生活経験のあり様などを評価して，指導計画の策定に役立てることが企図される。形成的評価とは，指導の途中で行われる評価である。ここでは，教師が設定した所期の目標・めあて・意図に照らして学習者の学習がどの段階にあるか，意図した教育効果が生じているかが評価される。最後の総括的評価は，年度末，学期末，単元終了時に，学習者の学習到達点を把握する評価である。これにしたがって，いわゆる成績（評定）がつけられることになる。

この３つの評価機能のうち，一般にイメージしやすいのは総括的評価（成績づけ）であろうが，教育評価論においてもっとも重視されるのは，むしろ形成的評価である。なぜなら形成的評価は，学習者の学習の評価

7）以下の説明について，より詳しくは西岡加名恵ほか編（2015）『新しい教育評価入門—人を育てる評価のために—』有斐閣，を参照のこと。

であると同時に，目標に照らしてどの程度適切な指導が出来ているかという，指導の評価，教育の評価に他ならないからである。

評価は一般に，学習者の能力を外部に示すという意味で，あたかも産業製品の「品質証明」のように捉えられがちであるが，それは教育という営みの目指すところから言えば非本質的なことである。教育は「教える」ことによって「育てる」ことを目標とした営みである。だから，その活動の一部としての評価も，一方では学習者が自身の達成段階を自覚し次のステップに進む手がかりを，他方では教師が自らの指導の適否を振り返る手がかりを，それぞれに与えることで，よりよい教えと学び(育ち）のサイクルを作り出し維持する役割を担うべきであるというのが，教育評価という考え方の含意である。

評価とは教育活動の一部であること，すなわち，評価は，それをすること自体が，学習者の育ちに繋がらねばならないということを，ここでは強調しておきたい。

[2]「特別の教科　道徳」の評価

道徳科の評価に相応しいのは？　以上のように，評価には様々な種類や複数の機能がある。では，本書の主題である道徳教育における評価は，どの考え方に沿って行われるべきだろうか？　ここでは，学校教育活動全体で行われる道徳教育のうち，特に道徳科の学習活動の評価にしぼって，その基本的な考え方を述べておきたい。

まず言えることは，数値化による客観的なテスト，またそれによる相対評価は，道徳科には馴染まないということである。他の能力とは異なり，道徳性とはその人の人格全体に関わることであるから，これに点数をつけ，序列化するということは，人間の人格の数値化・序列化をすることに等しい。評価が人格の「値踏み」になれば，否定的評価を受けた学習者は学習意欲を失ってしまうかもしれないし，また逆に評価のために（成績や入試のために）道徳的な振る舞いをするというような，それ自体不道徳な結果を生み出す可能性もある[8]。どちらも，道徳性発達を導くという道徳教育の目的・目標に鑑みて，本末転倒である。

しかしそうかといって，教師の主観的・恣意的規準に基づく絶対評価も問題である。もちろん学習者の道徳発達を見取る際に，完全に評価者の主観性を排除することは難しいかもしれないが，学習者の道徳性発達の道筋とは無関係になされる評価は，評価者の価値観の単なる押しつけに終わる可能性が高い。

では，近年の評価改革で採用されている目標に準拠した評価はどうか。しかしこちらは，評価の規準・基準となる道徳科において達成すべき目

8）実際，従来の「道徳の時間」を，教師が言って欲しいと思っていることの「先回り」の時間だったと回想する経験者は多い。道徳科の評価は，優良な成績評価を得るために道徳的な「ふり」をするという学習者の戦略をますます動機づけてしまう可能性を持っていることに，注意が必要である。

標群をどのように設定するかが難しい。たとえば学習指導要領においては，資質・能力の３つの柱や，道徳的判断力・心情・実践意欲と態度の観点，あるいは内容項目などが示されており，そこから目標を立てることは可能である。しかし，道徳性なるものがそのように要素として独立に取り出せる（目標として設定し，教えることができる）というのは，学術的な根拠に乏しい。

以上の観点を踏まえれば，道徳科の評価に相応しいのは，個人内評価を残すのみということになる。個々人の道徳性発達のあり方を，道徳科の学習への取り組みや成果の質から，他と比較することなく個別に見取るというやり方である。

道徳科に求められる評価の考え方　このように，道徳教育の固有性からみて，既存の評価の考え方のうち相対評価，絶対評価の一部（狭義の絶対評価，目標に準拠した評価）は馴染まない。したがってまず道徳科の評価においては，これら既存の評価を単純に当てはめることのないように気をつける必要がある。また逆に道徳科のあるべき評価という意味では，記述式，大くくりの評価，（相対評価ではなく）個人内評価といったことが基本的な要件となることも，ここから導かれる。

これは実際，学習指導要領（および指導要録）が求めている考え方である。以下は，「小学校学習指導要領解説　特別の教科　道徳編」（2017年６月），「中学校学習指導要領解説　特別の教科　道徳編」（2017年７月）から，評価の要点を抽出・箇条書きにしたものである。

①道徳科の評価とは，児童生徒の個々の成長を促すとともに，教師が自身の指導を振り返り改善するためのもの
②数値による評価は行わず，記述式
③他の児童生徒との比較ではなく，学習者個人内の成長の過程を重視する個人内評価
③個々の内容項目ごとではなく，大くくりなまとまりを踏まえた評価
④学習活動において児童生徒がより多面的・多角的な見方へと発展しているか，道徳的価値の理解を自分自身との関わりの中で深めているかといった点を重視

このように学習指導要領が求める道徳科の評価は，記述式，個人内評価，大くくりの評価といったことを強調している。加えて言えばここでは，個人内評価の際のゆるやかな方向性も示されている点に注意したい（④）。個人内評価においては，他者との比較ではなく，学習者個人の成長・発達の度合いや個性などを見取ることになるが，この成長・発達の

度合いに関わって，「多面的・多角的見方へと発展」「道徳的価値の理解を自分自身との関わりの中で深めているか」という2点が示されている。

もちろん，「多面的・多角的」「道徳的価値理解についての自分自身との関わりの中での深まり」なるものが具体的にどのような学習者の活動や成果を指すか，必ずしも明示的ではない。この点は，学習指導要領はそもそも「大綱的基準」であり，教室での教育活動のすべてを細部まで網羅するものではないことに留意すべきである。だからここには，個々の児童生徒の具体的な道徳的発達の筋道を見通す教師の実践的努力と力量が必要とされる。しかしともあれ，先の2点が道徳科の学習活動の柱であることを考えれば，少なくとも道徳科の評価は，学習者の人格や内心の評価ではなく，学習活動の深まりを見取ることである点は明らかである。学習者は，そうした自身の学習活動の評価(深まりや質のあり様)について評価者（教師）からフィードバックされることによって，主体的かつ有効な道徳の学習を積み重ね，自身の道徳性を成長させていく。

道徳科の指導の評価　さらに，要点の①は，先に説明した形成的評価（教師の指導の振り返り・改善のための評価）の考え方を強調するものであることも重要である。小学校学習指導要領の「特別の教科　道徳」の項目では，評価について「児童の学習状況や道徳性に係る成長の様子を継続的に把握し，指導に生かすよう努める必要がある〔略〕」と定めている。また，同解説では，「道徳科の授業に対する評価」が強調され，さらにその指導過程・方法についての振り返りの視点として，以下が挙げられている。

ア　学習指導過程は，道徳科の特質を生かし，道徳的価値の理解を基に自己を見つめ，自己の生き方について考えを深められるよう適切に構成されていたか。また，指導の手立てはねらいに即した適切なものとなっていたか。
イ　発問は，児童が多面的・多角的に考えることができる問い，道徳的価値を自分のこととして捉えることができる問いなど，指導の意図に基づいて的確になされていたか。
ウ　児童の発言を傾聴して受け止め，発問に対する児童の発言などの反応を，適切に指導に生かしていたか。
エ　自分自身との関わりで，物事を多面的・多角的に考えさせるための，教材や教具の活用は適切であったか。
オ　ねらいとする道徳的価値についての理解を深めるための指導方法は，児童の実態や発達の段階にふさわしいものであったか。
カ　特に配慮を要する児童に適切に対応していたか。

このように，道徳科における評価は，形成的評価，すなわち指導の評価という意味合いを強く含んでいる。これは学習指導要領に定められているということ以上に，道徳教育という事柄の性質が必然的に要請するものと言える。他の知識や技術の教育と異なり，道徳性は，その内実を正確に定めたり，あるいは普通の意味で他者に伝達したりすることが困難である。また日本の道徳教育，なかんずく道徳科の授業は，他教科に比べて蓄積も薄い。道徳科はその意味で，実践的にも制度的にも，また理論的にも，他の教科にまして今後探求されるべき部分を多く含むものであり，このことが形成的評価の考え方の自覚を，道徳科に要求していると言える。

[3] 教室のマイノリティと評価

最後にもう一点，道徳科の評価において留意すべき事項について付言しておきたい。教室における様々なマイノリティの存在と道徳科の評価についてである。

たとえば，文部科学省が2012（平成24）年に行った調査[9]によれば，日本の公立小・中学校の通常学級に在籍する児童生徒のうち，6.5%が，学習面または行動面での著しい困難を示しているという。そんな発達障害のある児童生徒は，相手の気持ちを想像したり，暗黙のルールなどを理解したりすることが苦手な場合もある。また，外国から帰国した児童生徒，両親のどちらかまたは両方が日本国籍ではないなど外国にルーツを持ち，必ずしも日本のマジョリティの言語や生活習慣，思考や行動の様式に慣れ親しんでいない児童生徒もいる。さらに，ジェンダーやセクシュアリティの点で葛藤を抱えた当事者の児童生徒なども，想定されるべき教室のなかのマイノリティである。その他，貧困や被虐待の経験を持つ（あるいは現にその渦中にある）子ども，身近な人を亡くして間もない子どもなど，教室には，様々な背景を抱えた児童生徒がいる。

9）文部科学省（2012）「通常の学級に在籍する発達障害の可能性のある特別な教育的支援を必要とする児童生徒に関する調査」

このような教室のマイノリティにとって，道徳科の学習活動は，その内容によっては，他の児童生徒よりもはるかに困難な活動となっていることも考えられる。評価においては，これらのことを十分に念頭においた個人内評価が企図されるべきであるし，また診断的評価，形成的評価の観点から，これら教室のマイノリティの困難を適切に掬い取り，柔軟に指導方法や内容，計画を修正しつつ，学習者個々人の道徳性発達を導く取り組みが求められる。

第Ⅱ部

道徳科授業のPDCA
―設計・実践・改善―

第５章
Plan：授業を構想・設計する

はじめに

これまで担任してきた学級では，学級開きにおいて「いい人間になりたい」「いい暮らしがしたい」「平和な世の中にしたい」という３つの願いが，わたしたちの願いとして共通していることを確認し，その実現に向かって，いましなければならないことやできることについて話し合うところから始めてきた。そして「平和な世の中にするため，まず平和な学級にする」が学級の目標の１つになった。「平和な世の中にする」そのためにはどんな仕組みが必要なのだろうか。それを考えることを社会科の目標とした。道徳では，３つの願いを達成するために「人としてどう生きたらよいのか」を考えることにした。副読本の読み物資料を活用しながらも，学級で起こる多くのもめごと解決に道徳の時間を費やした。生徒指導なのか学級会（特別活動）なのか道徳の時間なのか曖昧なこともあった。指導内容は内容項目に沿っていても，子どもの捉え方としては副読本を活用する学習が道徳と認識していたと思う。課題を抱える学級であればあるほど道徳の時間は確保されてこなかったように思う。また，道徳の時間での学びが日常生活に生かされなかったこともあった。「考え，議論する道徳」の授業で，多様な価値観を理解し，その上で根拠を示して価値判断，意思決定を行う学習に取り組んでいたなら，自分の学級が抱えていた課題についても，解決の糸口をつかむことができたのではないかと思い当たることが多い。

1. 道徳教育を構想し，道徳科の授業を設計する

さて，道徳教育はすべての教育課程の中で行われるものなので，要（かなめ）としての道徳科の授業以外の教科・領域の時間も有効に活用したい。教師は，どんな子どもに育ってほしいのかを思い描き，育ってきたものと育てたいものを探ることから始めたい。そして，各教科の目標を踏まえつつ，道徳教育の視点も考えて学習を行うことが求められる。たとえば，国語の文学作品の読み深めの学習において登場人物の気持ちに寄り添うことや，客観的にある場面を観察することも大切な学習となる。社会科の人権についての学習や体育科の保健の学習で「心と体の成長」の学習やアサーショントレーニングのロールプレイなど道徳教育の視点を盛り込みやすい教材も多くある。いずれの場合でも，まずは道徳教育の全体像を構想し，要としての道徳科の授業をその中心に据え，内容項目にもよるが子どもの実態に合わせて教材を用意したい。ただ

し，教材によっては季節感のあるもの，順序が前後しない方がよいものなどがあるので，道徳科の年間指導計画を立てるときには留意しなければならない。それをある程度柔軟に活用して日常生活と距離感の近い学習を展開したいものである。どの教科でもそうであるが，万全の準備をして授業に臨みたい。

[1] 指導案を書いて授業を設計する

現場に立つと授業を設計することは毎時間行われる。何も考えずに授業に臨むことは考えられない。しかし，どの教科も指導案を書いて授業を実施することは，日常的なことではない。指導案を書くことには相当な労力を要するのも事実である。ただし，公開授業や研究授業を実施する時には指導案は欠かせない。道徳科も正式に教科化される以前から研究授業などは指導案を書いて授業を行ってきたのであり，教科化によって指導案を書いて授業を設計し，実践を通して研究を進めることはより重要になってきたといえる。

指導案についての基本的な理解，指導案を見る目，指導案を書く力，など指導案に関する学習は道徳科の授業を実施する上でも大きな意義がある。したがって，指導案の基本的な理解と道徳科の指導案について考えてみたい。

[2] 指導案とはなにか

指導案には，多様な形式があり，学校はもちろんのこと，教科や自治体，また時代によっても形式は変わる。授業の中で特に着目したい内容や方法があれば，その部分を重点的に記述することもある。基本的な形式を理解し作成できるようになっておくことを基本として，その時々の目的に合わせて使い分けていきたい。

案という表現を使っているが指導案は構想を具体化する設計図だと考えてよい。では，指導計画という表現を使えばよいように思うが，指導案の中には指導計画という項目があるため指導案という表現は変えづらい。指導案を作成するにあたって授業を他のものにたとえることもある。旅行の添乗や料理にたとえるとガイドブックやレシピ集にあたるものであろう。これまでの経験から，この２つにたとえるとわかりやすかったので，たとえも交えて考えてみたい。

授業は生き物であるとも言われる。指導案の計画通りに授業が進行することは，ほとんどない。では，なくてもよいのかというとそうではない。それは知らない土地にガイドブックを持たずに旅行にいったり，ツァーに添乗員が不在であったり，何も考えずにお客様に料理を出すのに等しい。しっかりと練りあげられた指導案を準備しつつも子どもの学びに柔軟に対応して授業を進めたい。そして，誰のための指導案なのか，その点をはっきりと認識する必要もある。

[3] 指導案は誰のために書くのか

自分自身のために書く　はじめに述べたように，「よい人間になりたい」という願いをたてた場合，その中に「よい教師になりたい」という願いも含まれている。指導案を書くことでおぼろげな構想は設計図として現実味を帯びてくる。曖昧な箇所は授業を実施する上での弱点であり，その部分をよく考え，より練り上げることが，教師としての成長にもつながる。すぐれた指導案に触れ，自分も書くことで授業を構想し，設計する力量は高められる。

子ども（学習者）のために書く　学習者は子どもであり，子どもの成長のために授業を行うのであるから，よい指導案がよい授業の必要条件ならば，子どものために書くというのは最大の目的ともいえる。「ここでこのような発問をしたら何人かの子どもはこういう反応を見せるだろうなぁ。そこからこんなふうに授業を展開していこう」と，実際の子どもの様子を思い浮かべながら指導案を作成することは楽しく感じることもある。授業の主体はあくまでも学習者である子どもであることを忘れてはいけない。

参観者（授業を見る人）のために書く　この場合の参観者は教師や実習生などの授業に携わる人を指している。参観者は指導案をガイドブックとして授業を参観する。そこから授業の構想や子どもの学びの履歴を読み取ることができる。当然，実習生が行う授業では指導案も教育実習の評価対象となる。

授業参観に向けて指導案を作成して授業設計をすることもあり，同僚に読んでもらって意見を求めることもある。指導案を書くことは授業参観のシミュレーションをすることでもある。

授業を紹介するために書く　自らの授業を紹介するために広く社会に発信するために書くこともある。本書の第6章に掲載された指導案もそうである。「その授業を見るわけではないが，多くの指導案に触れて自分の授業の設計に役立てたい」と考えている指導者は多くいる。実際の実践を踏まえて練り上げられた指導案には優れたものが多くあり，中には授業記録や動画も添付されたものもある。生の授業を見ることが望ましいが，発信されている指導案からも学ぶことは多くある。

[4] 指導案の読者は誰か

文章を書くときには読む対象者のことを考えること（相手意識）が重要である。そのため，読者のニーズに合わせて伝えたいものが伝わるように工夫して作成したい。そこで，読者を意識して指導案を作成することについて考えてみる。

自分自身が読む　自分の授業を構想・設計・実施し，そして振り返り，評価するなど一連のPDCAサイクルを個人として行う上で，指導案の作成は有効である。たとえ略案であったり，指導計画や実践内容の概略の記録の積み重ねだったり，日記的な記録だったりするだけでも，振り返る際の効果はある。同じ教科や単元の指導案の積み重ねは貴重な指導記録であり，指導者の学びの履歴となり，教師としての成長を見つめる資料としての価値は大きい。

参観者が読む　授業のガイドブックとしての意味合いが強いため，参観の手引きとなるような工夫が必要である。一般的な形式の記述に加えて，児童生徒観では直前の授業で見せた特徴的な学びの姿を掲載してほしい。たとえばどのような学習課題や発問に対してどのような議論や学習が展開されたのかを具体的に記述することが望ましい。さらに本時の着目児童生徒を紹介し，それぞれの児童生徒の見取りを記入した座席表を添付するとよい。着目児童生徒はともすると課題を持つ児童生徒を取り上げることが主となりがちであるが，授業をリードするキーパーソンや集団に埋没しそうな児童生徒も着目児童生徒として挙げることができる。指導者がどのような配慮や支援をするのか参観者にわかるように，座席表には児童生徒の簡単な紹介をつけ，誰が本時のカギを握っているのか，誰が到達すれば授業の目標が達成するのかを示しおきたい。板書計画には，提示するスライド資料も添付する。

授業を学ぼうとする人が読む　読者は授業を参観することができないため，授業の構想や設計，特に教材の生かし方や指導の工夫を読み取り，自分の授業設計に生かそうとする。そのニーズに応えるためには，実際の授業で検証し，成果と課題を踏まえて修正された実践記録として発信するか，指導案を提示し，事後研究で話し合われた成果と課題を添えるとよい。未実施の指導案を提示し，読者に助言を得て，さらによりよいものに練り上げるというねらいを持って授業案を発信することもあり得る。授業を参観できない読者にはより丁寧な配慮が必要である。

[5] 教材観，児童生徒観，指導観をどう考えるか

教材観　教材の持つ価値について記述する。料理だと食材の持つ栄養，旅行ならば観光資源の持つ価値についての説明になる。この時期のこの学級の児童生徒にこの教材を使用することの価値を詳述したい。道徳科の場合は内容項目に関わらなければならないので，使用する教材を選択した理由を教材の持つ価値に着目して記述したい。

児童生徒観　料理や旅行ならばお客様情報に当たる部分である。基本的にどのような児童生徒たちなのかを詳述する。学級の雰囲気や学習に取り組む姿勢だけでなく，その教科の学習での学びの履歴を示し，特徴的な学習の一場面を紹介するなど具体的な記述を心掛けたい。特に前時に見せた姿は最新の情報として価値がある。その上で育ってきたものと育てたいものを示すとよい。道徳科では授業の中だけでなく，日常生活において「何を考え，どう行動したのか」についても触れたい。

指導観　教材観で示した価値を児童生徒観で示した子どもたちにどうやって身につけさせていくのか，方法知を具体的に示したい。料理ではレシピ，旅行では楽しませ方にあたり，授業作りで工夫したことをしっかりアピールする。また，教具の工夫や，ICT 機器の有効な活用，板書の方法，グループ学習やロールプレイの導入，思考の可視化など取り入れた具体的な改善点について詳述することで，新学習指導要領の重点である「主体的・対話的で深い学び」（アクティブラーニングの視点）を盛り込んでいく。このように，場作りを吟味することが子どもの立場に立つことになる。

[6] 道徳科の指導案の特性

形式的な面では授業の終わりの部分を「まとめ」と表記せずに「終末」と表記していることが，道徳科の指導案の特徴である。授業を終わらせることに変わりはないが，終末という表記には，揺れる価値判断や意思決定に対して多様な考え方や行動があり得ることを認め，必ずしも結論に導かなくてもよいことを示している。学習を振り返ることは必要だが無理にまとめることはせずともよい。道徳的価値判断には一見対立しているように見える行動が両立していることもある。

価値判断と意思決定　道徳科の指導案に記述したいこととして価値判断と意思決定の場面を取り入れることが望まれる。多様な価値観が混在する事象において価値をどう判断し，どう

行動するか根拠を示して話し合うことで自他の考えや集団の中での立ち位置を確認できる。自分の考えや行動に影響を与えたものを探り，より説得力のある意見に依拠して深く考え行動する資質や能力を育てたい。

多角的な見方と多面的な見方　道徳科の指導要領には多角的・多面的という文言が登場する。多角的と多面的は辞書の上では意味に大差はない。しかし，多角的は立場を変えて同じ事象を考えてみることと捉え，多面的は同じ人物が事象を違う視点から見ることと考えると，多角的・多面的とは1つの事象をより立体的に捉える能力だと言える。たとえば，あるもめごとに対して当事者Aと対立する当事者B，そして客観的に見る第三者Cの立場に立てば，多角的に価値判断できる。また，その事象を「正直」「規則の尊重」「親切・思いやり」などの内容項目から見ればどうなるのかを多面的に考えれば，違った判断ができよう。それらを総合して考えることにより，より深い気づきへと導くことができる。もちろん，価値判断と意思決定は人によって違ってよい。その判断と行動を支える根拠をしっかりと持つことが重要である。

2. 指導案をもとに授業を実践する

指導案を作成して授業を設計することの内容と方法がわかれば，それに基づいて授業を行うことになる。次は授業実践の具体的な内容について取り上げる。

[1] テーマの選び方

学級にとって最もタイムリーなテーマを選ぶことが重要である。それには2つのアプローチがある。1つは学級の雰囲気や解決すべき課題に即したテーマを選ぶことである。もう1つは世の中全体が注目している課題を，学級でも話し合うことが有効であると判断した場合である。年間指導計画に基づいてテーマを選ぶことを基本としつつも，興味関心を持ちやすく日常生活にフィードバックしやすいテーマを選ぶなど，柔軟に活用したい。大幅な変更を余儀なくされる場合は，年間指導計画が適切なものであったかのかを検証する必要がある。

[2] ねらいや目標設定について

道徳科の教科学習における主たるねらいは，内容項目の内容についての学年に応じた理解とそれを視点とした価値判断と意思決定を，話し合う中でより練り上げられたものにすることである。子どもたちの授業前の理解と授業後の理解に変化が見られ，より本質的な価値に迫ることができるように授業を設計したい。

具体例として，内容項目「親切や思いやり」を取り上げてみたい。まず，導入において「親切とは相手に対してどんなことをすることなのだろうか」という問いを投げかけてみる。子どもからは「相手を喜ばせること」「相手のしてほしいことをしてあげること」「相手が『ありがとう』と言ってくれることをしてあげること」「相手を楽にしてあげること」「困っていることを手伝うこと」などの一般的な考えや「電車で座席をかわってあげる」「落とし物を届けてあげる」「泣いている人を慰める」などの具体的な行動事例が反応として返ってくることが予測される。どれも親切というキーワードに適しているように見えるが，ここでは共感しつつ「いい意見がいっぱいでたね。本当にそうなのかな。たとえば宿題を怠けて忘れたお友達に答えを写させてあげるのは親切なのかな。確かに相手は喜ぶし，お礼も言ってくれるよね。でも，本当に困っているひとを助けたことになるのかなぁ」と揺さぶりの問いを投げかけてみたい。子どもたちの価値が揺らぎ，迷いが生じたころ合いを見計らって資料を提示する。その資料を多角的・多面的に読み解き根拠を示して価値判断と意思決定を繰り返してみよう。親切の内容は相手の喜びに結びつかないが「相手のためになる」「相手が一時的に苦しんでも未来に幸せが訪れる」ことも親切なのではないかという判断がでてくる。そのような価値判断ができるようになることをねらいとして設定したい。

また，道徳科には道徳科としてのねらいや目標がある。道徳科と社会科は価値判断，意思決定という視点で見ると同じキーワードを共有している。その違いも含めて，6年生の「伊能忠敬」を例に考えてみたい。

伊能忠敬は江戸時代末期に活躍した人物である。不正確な部分の多かった日本地図を西洋の科学を取り入れた測量法を使って全国の海岸線を歩いて測量し，昭和の初期まで使用された伊能図と呼ばれる地図を作成した。小学校社会科では42人の重要人物の1人として位置づけられ，必ず指導しなければならない人物であるが，道徳科では，社会科のように取り上げなければならない人物は示されてはいない。そこで光村図書に掲載されている教材を比較し道徳科のねらいと社会科のねらいを比較してみたい。

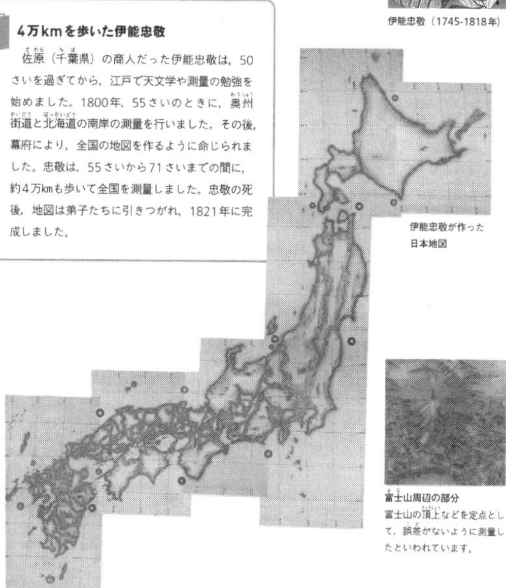

正確な日本地図

伊能忠敬は，測量技術の高さを幕府に認められ，日本全国の地図を作りました。忠敬の作った日本地図は，日本で最初に作られた正確な日本地図として，その後，100年以上も使われ続けました。

伊能忠敬（1745-1818年）

4万kmを歩いた伊能忠敬

佐原（千葉県）の商人だった伊能忠敬は，50さいを過ぎてから，江戸で天文学や測量の勉強を始めました。1800年，55さいのときに，奥州街道と北海道の南岸の測量を行いました。その後，幕府により，全国の地図を作るように命じられました。忠敬は，55さいから71さいまでの間に，約4万kmも歩いて全国を測量しました。忠敬の死後，地図は弟子たちに引きつがれ，1821年に完成しました。

伊能忠敬が作った日本地図

富士山周辺の部分

富士山の頂上などを定点として，誤差がないように測量したといわれています。

89

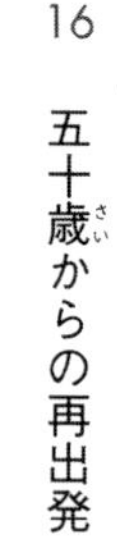

長所をのばして

16　五十歳からの再出発　――伊能忠敬――

編集委員会　文

左の地図を見てください。よく目にする日本地図のように見えますが、これは、今から二百年ほど前にえがかれたものです。しかも、この地図は、ある人物が五十歳を過ぎてから全国を回り、測量してえがいたものなのです。その人物の名は、伊能忠敬。江戸時代に生きた人です。

伊能忠敬は、一七四五年（延享二年）、上総国小関村の名主、小関家の次男として生まれました。子どものころから勉学が好きだった忠敬は、ゆくゆくは学問で身を立て、後の世に残る仕事をしたいと思っていました。しかし、十八歳のとき、下総国佐原村で酒屋を営んでいた伊能家にむこ養子としてむかえられると、夢をいったんあきらめ、商家の主人として一生懸命働きました。

「今までは、家のため、人のために働いてきたが、これからは自分の夢を実現したい。」

五十歳のとき、忠敬は、第二の人生をスタートさせます。家をむすこにつがせ、江戸に出て、幕府の天文方に勉強に行きました。そして、二十歳も年下の高橋至時に弟子入りし、ねる間もおしんで天体観測や測量術を身に付けました。

＊上総国小関村　現在の千葉県山武郡九十九里町。
＊下総国佐原村　現在の千葉県香取市。
＊江戸　現在の東京。
＊天文方　天体を観測し、暦を作る役職。
＊高橋至時　天文学者。（一七六四年―一八〇四年）

72

日本沿海輿地図（中図）
忠敬が作成した日本地図には大図、中図、小図の三種類があり、それぞれ、日本全国を小図は三枚、中図は八枚、大図は二百十四枚に収めています。これらの地図は、明治時代に日本地図を作るときのもとになりました。また、後年、これらの地図を見たヨーロッパの地理学者は、その正確さにおどろいたといいます。

教材・資料名	道徳（副読本６年） 『きみがいちばんひかるとき』（光村図書出版）	社会科（教科書６年） 『社会６』（光村図書出版）
表題	長所をのばして 「五十歳からの再出発―伊能忠敬―」	江戸時代にはどんな学問が広まったのだろう。「正確な日本地図」
ページ数	５ページ	小単元３ページのうちの１ページ
ねらい	内容項目は，主として自分自身に関することの「個性伸長」である。伊能忠敬の考えを探り，自分の長所を結びつけて考え，より良く生きようとする。	西洋から入った学問「蘭学」が日本の近代化に影響を与えたことを知り，その具体例として正確な日本地図「伊能図」の価値を考える。
記述内容	伊能図を作成した伊能忠敬の人物像に迫る。生い立ちを紹介し，本業を引退した後，自分の夢を実現するために努力する第２の人生を忠敬の言葉も交えながら描く。	伊能忠敬は50歳を過ぎてから測量の学習を始めた。その技術の高さを幕府に認められ，55歳を過ぎて地図作りに取り組み誤差の少ない正確な日本地図を作った。
学習活動	伊能忠敬の生き方を知り，自分の長所を生かすために必要なことを考える。	100年前，100年後の地図と比較して伊能図の価値を考える。
評価	伊能忠敬の生き方を知り，自分の長所を生かして生活しようとしている。	西洋の技術を生かして作成された伊能図は，正確で高い価値があったことを理解している。

[3] 内容項目の捉え方

道徳科における内容項目は，教材や資料に内在する主題であり，それを捉える視点でもある。教えるにあたっては，内容項目のどれに焦点をあてるのかを考えなくてはならない。なぜなら，資料や教材によっては複数の内容項目が混在しており，テーマを絞りにくかったり，視点を変えれば主たる内容項目も変わったりする場合がある。丁寧に資料を読み解き，取り上げる内容項目を鮮明にしつつ，子どもの現状を分析し，育ってきたものと育てたいものを踏まえて主たるねらいに据える内容項目を決定する。内容項目そのものの理解がめあてとなる授業もあれば，理解した内容項目について価値判断・意思決定を行うことがめあてとなる学習もある。どちらを主としても学習方法としては，主体的・対話的で深い学びとなるアクティブラーニングの手法を取り入れたい。

[4] 教材研究

教科書に掲載されている教材であっても，同じ内容項目が含まれている複数の教材にあたり，丁寧に分析した上で，選択する。場合によっては複数の教材を併用することもある。導入において新聞記事やニュース番組を使用し，問題意識を持った上で読み物資料を取り扱うなどの工夫をして身近なものから出発したい。そのためにも，教材の持つ道徳的な価値を指導者がしっかり理解する必要がある。

読み物資料「内容項目を主題とした書き下ろし」　これらの資料の多くは，1時間の授業で終えることができるように記述されている。内容項目は1つに絞りやすいものが多く，授業設計はしやすいが，価値判断が対立せず，考え議論する学習になりにくいこともある。特徴的な場面のイラストを掲示したり，ペープサートを使用したりするなど対話的な学習となるような工夫で授業を活性化したい。場合によっては場面ごとに提示し，何を考えどう行動するのかを探った後，結末を示して考えてもよい。

読み物資料「文学作品やそのダイジェスト版」　長編の文学作品は副読本では内容項目に着目して編集したり，一場面を抜粋したりすることがある。そのため内容項目はわかりやすいが情景描写など割愛されているものでは，文学作品としての価値が薄れていることもあるので，あくまでも道徳的な視点で読み深めたい。指導するにあたっては，あらかじめ原作を読み，できれば作者の他の作品もできる限り多く読んでおきたい。作者が「人として生きることをどう考えているのか」を自分の眼で探っておく必要がある。

読み物資料「歴史上の偉人や特定の分野で活躍している人物の紹介」　歴史的な人物や活躍している人物の生き方を学ぶことで，その人物が何を考え，どう行動したのかを探ることも多い。内容項目やねらいと照らし合わせて「自分もよりよく生きたい」と自己をみつめることができるよう教師は支援したい。最初から「この人は立派だよね」と指導者の価値観判断を示さず，子どもが考える場面，話し合う場面が必要である。個人の業績が優れていても生き方に悩みを抱えていたり，違う生き方を選択したい場合もあるだろう。多様な人物の生き方を通して，自分の価値判断と比較するようになり，深まっていく。人を見る目を育てることは大切だが，その見方は多様であってよい。

道徳教育のために作成されたTV番組や動画　丁寧な取材に基づいて作成されたものが多くあり，必要に応じて活用したい。読み物資料と同じように10分から15分で視聴できるように編集されているが，動画を見せてワークシートを書かせるだけで終わることのないよう，構想を練り，活用したい。読み物資料と同様に結末を伏せて「何を考えどう行動するのか」を探ってもよい。教材研究においては番組のホームページを閲覧し，そこから派生する情報にもできる限り触れておきたい。

地域独自の教材や自分の体験したことなど　身近な事例は自分たちが当事者となる場合も多く，子どもの関心が高まるなど利点が多い。半面，多くの指導者や研究者の目を通して検証されていないこともあり，子どもの実態に合っていなかったり，教材としてふさわしくないものが含まれていたりする可能性もある。また，学級会などの特別活動や地域学習との区別をつけるため，取り扱う道徳的な価値を明確にしておく必要がある。いずれにせよ多くの指導者の目で確認し，教材としての価値や精度を高めておきたい。

[5] 発問と中心発問

発問の機能　発問とは何か。質問とどう違うのか。ある講演会の中で「発問と質問はどう違うのか」という問いが投げかけられたが，改めて考えてみると，区別が説明しにくいものである。どちらも問いを発することに変わりはないが，その講演会において田中耕治氏は「質問は質問者の持つ疑問を解決したり，好奇心を満たすために知らないことを聞く問いである。発問は指導者が学習者の学びを構成するために発する問いであり，知っていることを聞くこともある」と述べていた。確かに警察官が不審者に発する問いは「職務質問」であり「職務発問」とは言わない。教師が発する問いがすべて発問に該当するとは限らない。たとえば「君は顔色がよくないね。昨日は何時に寝たの。よく眠れた。朝ご飯はしっかり食べたかい。」これは質問である。知らないことを聞き，知りたい情報を得て次の対応を考えている。

発問は学習者の学びを構成するための問いであるということを理解して授業設計にあたりたい。

発問を考え，中心発問を設定する

ア）発問にはねらいと役割がある：すべての発問は指導者のねらいに沿って発せられる。また，発問の役割を理解し授業の進行状況によって柔軟に考え，効果的な発問を臨機応変に発したい。発問を吟味し，１つの発問に賛成，反対，迷っているなど３つのタイプの反応を予測し，それぞれに３通りの対応を考えておくと，議論がどの方向に向かっても対応することができる。

イ）確認の発問：確認の発問は書いてあることや事実として知っておかなければ学習に参加しにくい知識を備えているかを確認するための発問である。短時間でコンパクトに問いを発し，不足しているものを示すとよい。学習が次の場面に移る時に確認しておくと論点にずれが生じることが少なくなる。

ウ）導入の発問：導入部分での発問は学習者の意欲を喚起し学びのフィールドに導くものである。身近な生活と密着した視点からの問いを発し学習意欲をかき立てたい。この発問が功を奏すると学習者を違和感なく主題に迫る学習に導くことができる。

エ）主発問：学習の根幹をなす発問が「主発問」である。したがって言葉だけでなく板書にも学習のメインテーマとして提示したい。主発問からいくつかの発問が派生することがある。子どもの思考に寄り添い，時にはやや横道にそれることもあるが，そのつど主発問を確認し軌道修正を行うとよい。派生した発問に没頭し，指導者も学習者も主たるねらいから外れたまま授業が終わってしまうこともしばしば見られるので，指導者は本時のテーマを常に念頭に置き学習を進めたい。

オ）揺さぶりをかける発問：価値判断や意思決定に偏りが見られたり議論を深めたいときに教師が意図的に発する問いである。子どもにとってはまとまりかけた議論を崩し，水を差すように感じることもあるが，新しい気づきにつながればより対話的で深い学びへとつなげることができる。たとえば「みんなの考えはまとまりかけているけどこんなふうに考える人がいるんじゃないのかなぁ」「あ，そういう考え方もあるのか。もうちょっと考えてみようよ」と，より多角的・多面的な学習につなげることも可能である。揺さぶりの発問は指導者が学習の状況を見て判断する発問であるが，指導案には留意点や支援として状況を見て投げかけるよう記述しておくとよい。

カ）まとめるための発問：学習のまとめを示す発問も効果的に発したい。学習の主たるねらいが「内容項目の知識・理解」である時には「今日の学習でわかったこととわからなかったことを区別して書きましょう」という問いを発し，「内容項目についての思考・判断」である時には「はじめの考えと今の考えを比べてみましょう。また，自分の考えに影響を与えたのは誰のどのような考えだったでしょうか。振り返りましょう」という問いを発したい。まとめの記述は授業がねらいに沿っていたかどうかのひとつの指標となる。また，次の学習の出発点を探ることができるので，振り返りの視点を与える発問で終末を有意義な学習に導きたい。

[6] 板書計画と板書

板書の機能　授業に発問は不可欠である。板書のない授業も時折見られるが，道徳科の授業では板書も効果的に使用し豊かな学びにしたい。板書は音声と違って視覚的なものであり残すことができる利点がある。板書には学習内容やめあての提示，事実や確認事項の提示，発言の記録などの機能がある。多くの指導者が板書を重点的な課題と捉え，よりよい板書ができるようになりたいと願っている。しかし，その思いが強いあまり，授業時間の多くを板書に費やし，学習者の活動も板書を写すことが主になるという本末転倒な授業に陥ることもある。発問と板書をつなげて考え，効果的な板書を心掛ける必要がある。

アクティブラーニングとしての板書を考える　指導者は板書のコーディネーターである。学習者も参加するスタイルを取り入れることによって学習はより活性化される。道徳の教科化にあたり，「道徳ノート」を導入してはどうだろうか（第7章を参照）。発問，板書，ノートの活用は授業を構成する大切な要素である。学習のねらいはあくまでも内容項目の理解とそれを使っての価値判断と意思決定，合意形成を通してよりよく生きようとする資質の育成であり，板書をノートに写すことが主たる学習活動にならないようにする。必要ならば板書を画像で保存し，添付すればよい。それよりも学習者の考えを記入したり，ネームプレートを活用して意思表示したりするなど，参加型の学習の情報共有ボードとして学習の流れを示す機能を中心に活用したい。

板書のモデル　ここでは授業のテーマとして「自然との共生」をモデルに考えてみたい。モラルジレンマの要素が強く，多角的・多面的に事象を捉えやすい。また，価値観が対立したり説得力のある意見で揺さぶられたりすることも多いテーマである。また，教材も豊富であり，数多く実践されているテーマでもある。

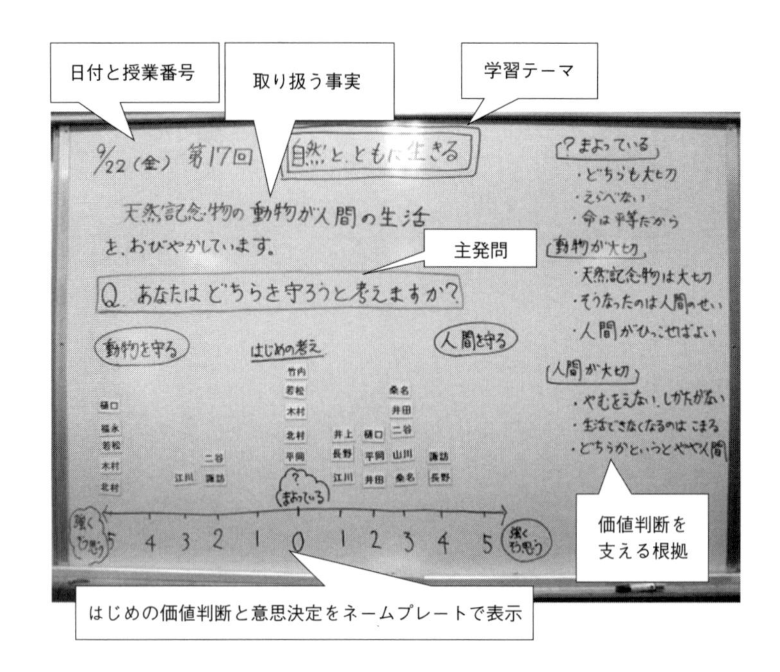

「道徳ノート」に授業日と授業番号，テーマなどを記入するが，テーマは導入が終わってから記入するとよい。主発問は赤枠で囲んだり，フラッシュカードで提示するとよい。フラッシュカードは位置を変えることができ，書く時間も必要ないため，作成に手間がかかるが子どもと向き合う時間が確保できる。

主発問について個人で考えたのち，自分の価値判断・意思決定をネームプレートで表示し，それを受けて話し合う。迷っている人の迷いがどこにあるのかを探り，異なる価値観の人が合意を得るように意見を発表しあうとよいだろうし，必要ならば２～３人の小グループで話し合ってもよいだろう。それぞれの立場を支える根拠を示した後，ここで板書を画像で保存する。ノートにはすべての板書ではなく，自分の価値判断や異なる考えに対する意見などを記入しておくとよい。

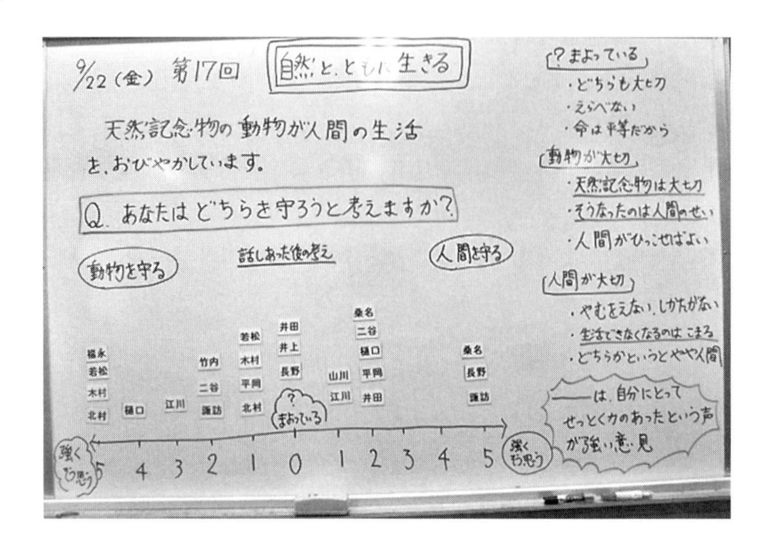

話し合いを経て，価値判断と意思決定を行い，ネームプレートで意思表示をする。立ち位置に変更のない時はそのままでよく，移動がわかりやすくするために赤の矢印で示してもよい。学級で自分の考えの動きや異なる価値観についての思いなどを交流し，特に説得力のあった考えにはアンダーラインを引いて示す。たとえば，あるテーマについて強い思いを持った意見に説得力があったように見えても，授業での議論を通して異なる思いが強まることもある。この場面の画像を保存し，２場面の板書を印刷してノートに貼り，それを見てノートにコメントを記入してもよいだろう。

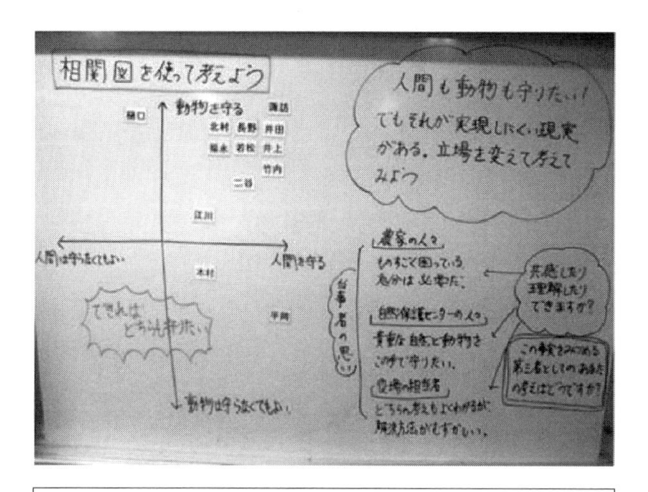

相関図を使った板書のモデル
高学年では相関図を使用して価値判断・意思決定を行ってもよい。立場は４分割され複雑になるが，それだけ多角的多面的に事象を考えることができる。

第６章
Do：指導案の作成と授業の実践

道徳学習指導案（小学校低学年 A）

1　日　時　〇〇年〇月〇日（　）　第〇校時
2　対　象　第２学年〇組　（〇名）
3　場　所　教室
4　資料名（内容項目）「まぼろしのりんご」（B-（６）親切，思いやりさ）

5　学級の実態把握（仮想）

本学級の児童は，男女関係なく仲がよい。提示された課題に対しては，何事にも真面目に取り組み，自ら進んでやり抜こうとする姿が見られる。

ただ，自己中心的な発言も見受けられ，相手の気持ちを考え行動する子ばかりではない。たとえば，友達がしんどそうなときや怪我をしたときなど，同じような経験もあり共感しやすい状況においては優しく接することができるが，何か役割を決めたり，自身の状況や立場が悪くなったりする場面においては，自己中心的な価値観をもとにした言動をとり，相手を悲しませることもある。

6　ねらいとする価値観

低学年の児童は，親や身近な大人の言うこと（挨拶，規則正しい生活，交通安全などについて）の大切さを理解している。だが，経験もまだまだ乏しいため，ある事象に出合ったとき，戸惑ってしまうことも多い。低学年の児童を観察していると，自分で考えて行動する場面だけでなく，大人の判断を求めようとする傾向も見られる。言い換えれば，様々な場面において，身近な大人の意見を手掛かりとして，その対処法や考え方を身に付けている段階と言えるだろう。

しかし，これからの社会では，自己の経験の範囲を越えた課題や，あるいは誰も経験したことのない課題に遭遇することが予想される。そのため，道徳教育では，自分で考えることや議論すること，根拠をもって意思決定することがより求められることになると考える。

つまり，これからの道徳教育では，答えが１つではない課題に対し，児童一人ひとりが自分自身の課題として捉え，向き合う場面設定が必要となる。

今回実践したモラルジレンマ教材は，その意味で，一人ひとりが考え，仲間と議論し，意思決定へと導くことに適している。

7　資料について

①出典　荒木紀幸編著「ももいろの木いちご」『モラルジレンマ資料と授業展開（小学校編）』明治図書，2005年 pp.15-16（B-６）

②資料の概略（資料の内容・あらすじ）

既存の資料をもとに，学級の実態に合わせ，筆者が若干の加筆，修正を行い実践した。

8　本時のねらい

主題となる「やさしさ」は，それぞれの立場や状況に応じて，捉え方が異なり，指導が難しい。相手のことを思っていても，ときにはその言動が優しさと感じられない場合もある。本時では，事実を伝えること，その際どのような理由を伝えることが，相手にとっての思いやりであり，優しさにつながるのか，そのことを気づかせたい。

9　本時の展開例　○主な発問　□指導上の留意点・支援等　■評価の観点

区分	学習活動と内容	指導上の留意点・支援・評価	準備物
導入	・プレゼントについて話し合う	□プレゼントをもらった時やあげた時の気持ちを考える	
展開前半	・資料「まぼろしのりんご」 の話を聞き，話し合う ○お母さんがプレゼントはいらないと言った時，チロはどう思っただろう ○やっと，まぼろしのりんごを見つけた時のチロはどんな気持ちだっただろう ○森の入口で隣のおじいさんと出会った時，おじいさんの様子を見て，チロはどう思っただろう	□イラスト等を用いて，話の筋がわかるようにする □チロの気持ちを共感できるようにする □「やさしい心」を書き出し，印象づける □簡単に見つけたのではないことを意識させる □見つけることができた嬉しさや喜んでもらえることを想像させる □おじいさんには，小さい頃お世話になったこと，おじいさんも，まぼろしのりんごがほしいことを確認する	資料 イラスト
展開後半	・プレゼントを誰にあげるか考え，その理由を書く ○お母さんとおじいさんのどちらにまぼろしのりんごをあげたらいいだろうか ・役割演技をする ・おじいさんとお母さんに向けて話をする	□自分なりの根拠をもって誰にあげるのかを判断させる □学習プリントに自分の考えを記述させる □担任が相手役を演じる □役割演技をしたり，それを見たりすることでチロの気持ちを考えさせる □児童に葛藤が起こるようにセリフを返す	
終末	・考えを書き足したり書き換えたりする ○チロはどちらにまぼろしのりんごをあげたらいいだろうか	□役割演技や友達の意見を聞いて書き足しや書き換えをすることを伝える ■自分なりの理由を持ち，どちらにあげるのかを判断しようとしている	

10　授業の実際

①指導観

本時は，モラルジレンマ教材を使い，児童に「やさしさ」について考える機会を設定した。

導入では，プレゼントをもらった時やあげた時の気持ちを発表し合い，日常の出来事と結びつけながら，プレゼントに対する想いを共有させた。

展開前半では，資料を読み聞かせ，あらすじを確認しながら，場面ごとの主人公の気持ちを捉えさせた。イラストや登場人物の言葉を提示することで，視覚的にも状況を理解できるようにした。展開後半では，りんごを誰にあげるのかを判断させた。その際，あげることができない方には，その理由を役割演技でも発表させた。

そして，終末場面にかけて「揺さぶる発問」を意図的に行い，葛藤を生ませつつ，自己中心的な考えで判断するのではなく，相手の立場のことを考えたり，場の状況を考えることの重要性について思考させた。

②指導の留意点（低学年の指導）

(a) 疑似体験させること

低学年の児童は，登場人物になりきることで，心情やその変化を読み取ったり考えたりすることができると考える。そのため，授業では身体と心を動かし，疑似体験を通して，深く考えさせることが大切である。

今回の学習では，お母さんとおじさんのどちらにまぼろしのりんごをあげるのかを考えさせる場面で役割演技を行った。「お母さんにあげる」と答えた児童には，おじいさんにどのように伝えるのか，「おじいさんにあげる」と答えた児童には，おかあさんにどのように伝えるのかを学習プリントの吹き出しに記述させた。

どちらにおいても，事実を告げることが「やさしさ」であり，またどのような理由で，どの言葉で伝えると「やさしさ」につながっていくことができるのか確認した。

(b) 揺さぶる発問をすること

多くの学年に共通するが，揺さぶりをかける発問を通して深く考えたり，多面的に物事を捉えたりすることができる。

今回の学習では，役割演技の中で，児童のセリフに応じて，教師が受け答えをしている。おじいさんであれば「そうか。お母さん想いのやさしい子だね。私は明日は，ここに来られるかな」とつぶやいたり，お母さんであれば，「そうだね。おじいさんにあげたことは正しいね」とさみしそうに答えたりするなど，相手の反応を見て，その判断でよかったのかを考えさせた。

③児童の変容（学習プリントから）

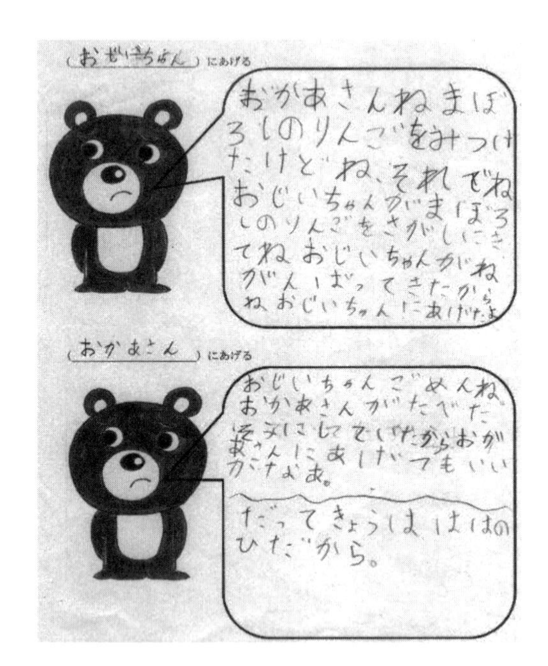

プリント上段：展開後半場面において，児童の思いを記述させた。 その後，役割演技をしたり，友達と意見交換を行ったりした。 プリント下段：終末場面において，児童の意見を記述させた。 その際，意見の変更や加筆しても良いことを伝え，理由も言えるよう促した。

児童がりんごをあげる対象が，「お母さん」→「おじいちゃん」，「おじいちゃん」→「お母さん」と変わっただけでなく，選択した理由も変化している。その多くが，「『明日』や『母（父）の日』にとってくるからね」という言葉が付け加えられていた。これは，児童が選択した1人だけでなく2人ともに，自分ができることを考えた結果である。

つまり，自分の考えを伝えたり質問したりすることを通して，2人に「今の自分の気持ち」を正直に伝えるためにはどうしたらいいのかを考えられたからであろう。

11　全体を通して

低学年の授業では，どうしても自分の考えを伝え合うことが中心となりがちである。そのため，「考え，議論する道徳」の授業づくりでは，相手の意見に耳を傾け，選択肢の変更や理由の修正などを行える場面をいかに設定できるかが重要となる。児童の実態分析に即し，資料設定，問いの精選を期待する。

道徳学習指導案（小学校低学年 B）

1　**日　時**　○○年○月○日（ ）　第○校時
2　**対　象**　第１学年○組　（○○名）
3　**場　所**　教室
4　**主題名**　友達を思う心
5　**資料名**　「二わのことり」（学研）
6　**内容項目**　B-（９）友情・信頼

7　主題設定の理由

（1）児童について

本学級の児童は明るく活動的である。自分の思いを伝えたいという児童が多いだけでなく，学習にも積極的で，新たな知識を得たいと感じている。一方で，挙手した時に指名されなかったことで悔しがったり，友達の意見には無関心だったりと，「友達と一緒に学びあう」という意識は少ない。聴く大切さの指導だけでなく，少人数での話し合いや活動，発表した人への反応の仕方の学習を通して，「自分も授業に関わっている」という安心感を持たせるよう工夫している。まだ自分の発表に固執してしまう場面もあるが，友達の意見に反応できる児童も増えてきている。また教師の言葉を素直に受け止めることができ，「よりよく生きるためには努力しなければいけない」という意識も生まれてきた。

教師はこれまで，自分が苦手だと思うことも挑戦する大切さや，間違いは何も悪いことではないということを何度も伝えるようにしてきた。いまでは学校生活にも慣れ，学級内の友達関係の広がりも見え始めてきた。4月当初グループを作り固まって遊んでいた児童も，色々な友達と遊ぼうとする姿が多く見られるようになった。「一緒に遊ぼう」という声かけも増え，自分のやりたいことと相手のやりたいことをすり合わせながら，遊ぼうとする姿勢も見られる。また，困っている友達を見ていたら放っておけず，代わりに教師に伝えにきたり，お手伝いをしたりする優しい場面も多く見られる。しかし，気の合う友達だけでなく，反発しあう友達もできたことにより，小さなトラブルが起きている。たとえば，違う遊びをしたい友達を無理やり誘ったり，一輪車を次の人に譲らず自分だけが使ったりと，「自分が」「自分と仲のいい子だけが」楽しければいいという思いが垣間見られる場面がある。

この時期に，相手の気持ちを推し量り，行動に移すことは難しい。しかし，少しずつでも相手の思いに心を寄せ，行動できる場面が増えれば，学級全体の雰囲気に大きな影響を与えていくと考える。この資料を通して，友達とはどういうものかを考え，その大切さ，行動してもらうことの温かい気持ちを感じてもらいたい。そして，児童一人ひとりが友達との関わり方を振り返り，実践力につなげていきたいと考えている。

（2）ねらいとする価値

本単元では，B「主として人との関わりに関すること」の「友情，信頼」（９）「友達と仲よくし，助け合うこと」を扱う。友達関係において，基本的とすべき精神を述べたものであり，友達との間に信頼と友情及び助け合いの精神をもった児童を育てようとする内容項目である。そこで本時のねらいは，友達と仲良く助け合っていこうとする心情を高めることとしている。

互いに相手の立場に立ち，思いやり，共に向上しようとする気持ちの中で友情は育まれる。望ましい人間関係が構築できるような友情をはぐくみ，児童自らが互いを成長させようとする意欲を育てることは大切なことであると考える。しかし，この段階においては幼児期の自己中心性がまだ残っており，相手の思いを考えたり自分と異なる考えを理解しようとしたりすることは難しい。一方で，この時期でも児童同士で助け合う場面は日常風景に必ず見られる。だれかのために行動することは，相手が嬉しい気持ちになるだけでなく，自分自身も温かい気持ちになる。その気持ちのつながりが人と人とをつないでいくと考える。これから多くの人との人間関係を作っていく１年生にとって，この温かい気持ちに目を向けさせることは大切である。さらに，友情をはぐくむ基盤となりうる信頼感や相手の心遣いによる安心感などを実感することは児童自身の日常生活の中では少ない。そこで本資料を通して，相手の立場に立って考え，友達を大事にしようとする心情を育てることが大切である。

（3）資料について

本資料は，「みそさざい」と「やまがら」という２羽の小鳥のお話である。みそさざいは，やまがらから誕生日の招待を受けながら，友達に誘われるままうぐいすの家へ来てしまう。しかしさびしく待っているであろうやまがらを思い，やまがらの家へ行くという内容である。また，最後に２羽が出会ったときの「よくきてくれましたね。」というやまがらのうれしそうな顔と（きてよかった）と思うみそさざいの心情から，友達の温かいつながりを感じられる。

みそさざいの心の葛藤を考えることを通して，みそさざいの友達を思う気持ちを深く考えられるようにしてねらいに迫りたい。

8　指導観

指導については，以下のことを踏まえ展開していく。

導入部分では，自分の友達との関わり方について想起する。友達のためにしてもらったこと，友達のためにしたことを考えさせ，資料につなげていく。

展開部分では，みそさざいの気持ちの葛藤を中心に読み取っていく。うぐいすの家に行く前の気持ちや行った時の気持ちを考えることで，楽しみながらもやまがらが1人ぼっちでいることを気にかけていることに気づく。そして，中心発問でやまがらの家へ行った時の気持ちを考えさせることで，みそさざいの「友達への思い」を深く考えさせたい。その後，みそさざいとやまがらの掛け合いを役割演技として児童に発表し，友達と関わるうれしさを感じ取れるようにする。

終末では，みそさざいにお手紙を書く。友達として，やまがらの家へ向かったみそさざいの行動力に目を向けて書かせることで，友達のために行動することの素晴らしさを知るきっかけとしたい。

9　本時の展開例

	学習活動	発問と予想される児童の反応	指導上の留意点
導入	・友達との関わり方を想起する。	○友達のためにしたこと・してもらったことを考える。 ・鉛筆を拾ってもらった。 ・一緒に遊んでもらった。 ・困っているとき助けてくれた。	・ねらいとする価値へと方向づけをする。
展開	・範読を聞く		・みそさざいの気持ちを考えながら聞くよう促す。
	・どちらの家に行こうか迷うみそさざいの気持ちを考える。	みそさざいは，まよいながらどんなことを考えていたのかな。 ・やまがらさん，かわいそうだな。 ・どっちにいこうかな。 ・やまがらさんの方に行きたいな。 ・むずかしいな。 ・みんなが行くから行こうかな。	・やまがらのことを心配する意見に偏っている場合は，うぐいすさんの方に行ったことに触れ，葛藤させる。
	・やまがらの家へ向かうみそさざいの気持ちを考える。	みそさざいは，そっと抜け出して，やまがらの家に行きながら，どんなことを考えていたのだろう。 ・ごめんね。 ・今行くからね。 ・お誕生日をお祝いしよう。 ・早く行きたい。 ・待っていてくれているかな。 ◎やまがらさん，きっとさびしがっているだろうな。	・「早く行きたい」という意見が出た場合は，理由を問い，「やまがらのためが寂しがっている」といった相手を思う意見を引き出す。 ・「そっと」という言葉にも着目し，うぐいす達のことにも気を配っていることにも触れておく。 ※葛藤があって，1度はうぐいすの家に行ったことにも触れ，さらに発言を引き出す。
	・やまがらとみそさざいが出会った時の会話を考える。	2人が出会ったとき，どんなことをお話しただろう。 ・「たんじょうびおめでとう」「ありがとう」 ・「きてくれてうれしいよ」「おそくなってごめんね。」 ・「プレゼントをあげる」「ありがとう」	・役割演技を行い，お互いが温かい気持ちになって会話していることに気づかせる。

終末	・みそさざいに対する自分の思いを書く。	○みそさざいに対してお手紙を書く。	・思いつかない児童に対しては，今回の資料を読んだ感想を書かせる。
	・終末の話を聞く。	・導入部分に触れ，教師の話をする。	・助け合うことで，お互いの気持ちが温かくなることに触れる。

10　資料分析

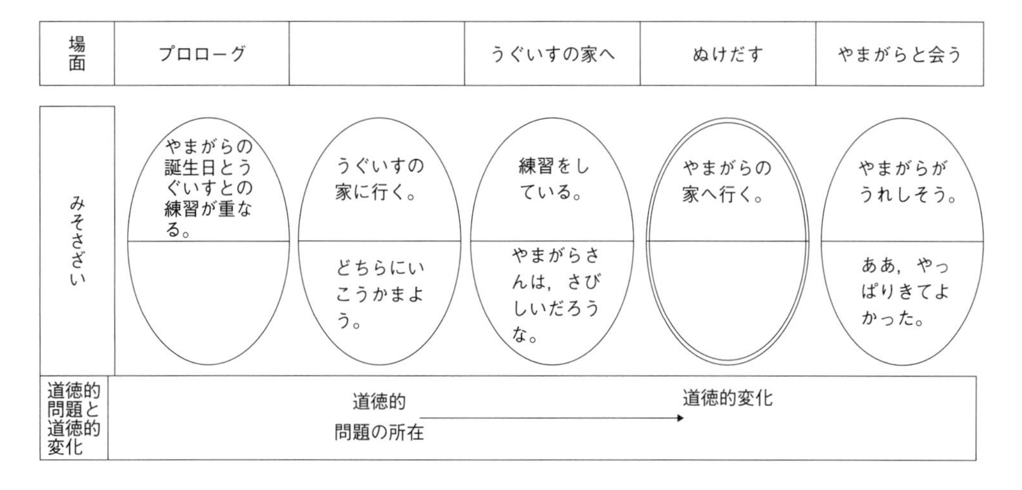

11　評価

友達と仲良く助け合っていこうとする心情を高めることができたか。（発言・ワークシート）

12　板書計画

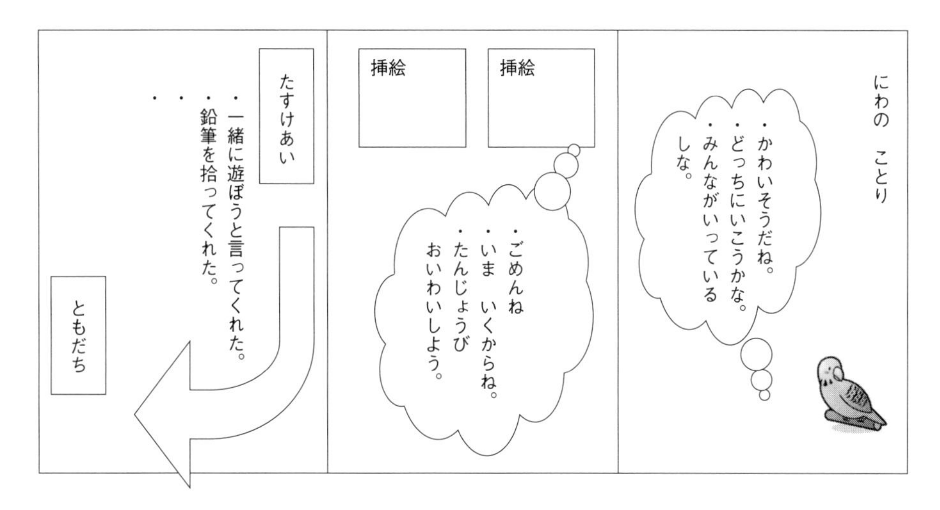

道徳学習指導案（小学校中学年A）

1　**日　時**　○○年○月○日（　）　第○校時
2　**対　象**　第4学年○組　（○名）
3　**場　所**　教室
4　**資料名**（内容項目）「いのちをいただく」（D-(18) 生命の尊さ）

5　学級の実態把握（仮想）

本学級の児童は，給食の時間が大好きである。しかしながら，時間内に食べ終わらず，給食を残すことが当たり前となっている子もいる。また，「いただきます，ごちそうさま」の挨拶も機械的に言っており，気持ちがこもっていないように感じる。なぜなら，おかわりを積極的にする子もいるのだが，「残す」ことに罪悪感をもたない子が見受けられるからだ。

そこで，3食当たり前のように食べることができる時代に，そのありがたみを伝えるには，①食べ物1つ1つに「命」があること，②その「命」を大切に加工する人がいることを知ること，③今の自分は，「命」をいただいてこそ存在すること，この3点を理解することが必要と考えた。

6　ねらいとする価値観

食べ物だけに限らず様々な物があふれる世の中になり，いまでは必要な物はほとんど手に入る。そのため成長過程において，食べることに不自由さを感じる経験は皆無である。それにより，食事になる前に「命」が宿っていたことを実感する機会が減ってしまったとも言える。

しかし人間は誰しも「命」あるものをいただくことで，生きていけるのであって，私たちの「命」は動植物の「命」に支えられていると言ってもよい。つまり，「命」は連鎖しているのである。これら「命のリレー」ともいうべき繋がりに再度焦点をあて，そして同時に，それを加工してくださる方々の存在にも気づき，様々な繋がりの上で私たちは存在している（生かされている）ことを考えさせたい。

7　資料について

①出典　内田美智子著，諸江　和美（イラスト），佐藤剛史（監修）『いのちをいただく』西日本新聞社，2009年（D-18）
②資料の概略（資料の内容・あらすじ）

資料は，大分県の助産師である内田氏が，熊本県の元食肉解体作業員であった坂本義喜氏の講演を聞き絵本化したものである。

坂本氏は，牛の命を解いて（殺すという言葉を食肉解体の方は使われない。初版は「殺す」という表現がなされているが，2版以降「解く」という表現に変更されている）お肉にする仕事が嫌だった。世の中の人々にとって大切な仕事とは理解しつつも，心の片隅ではいつも辞めたい，という思いを抱いていた。そんな時，食肉解体の仕事をかっこ悪いと思っていた息子のしのぶくんが，学校の先生の言葉かけを機に，父の仕事の偉大さに気づき，後押しをしてくれるようになる。

しかし，ある日息子の理解に励まされ，あらためて仕事に誇りを感じつつ過ごす坂本氏の前に，一頭の牛と女の子が現れる。「みいちゃん，ごめんね」と謝り続けながら，生まれたときから一緒に育ってきた牛のみいちゃんとの別れを悲しむ姿を見た坂本氏。仕事に対する誇りが崩れ，「この仕事はやめよう。もうできん」と決意した坂本氏であったが，その状況を傍で見ていたしのぶくんがかけた言葉は・・・・

8　本時のねらい

普段何気なく食べる食事は，「命」をいただいているという実感として捉えさせたい。そして，食事をいただく際，その裏には様々な方の働きがあることを感じさせることがねらいである。その結果，給食に対する姿勢が変わり，挨拶をしっかり行い，残菜もなくなると思われる。

9　本時の展開例　○主な発問　□指導上の留意点・支援等　■評価の観点

区分	学習活動と内容	指導上の留意点・支援・評価	準備物
導入	・資料『いのちをいただく』の読み聞かせる	□日々の給食時間の「いただきます」を実演させる	資料
展開前半	○坂本さんのように牛を殺す仕事がなかったらどうなると思うか ○給食のカレーができるまでどんな人が関わっているか ・自分たちの残菜の量（写真）を見て，思うことを書く ○この残ったお肉がみいちゃんの肉だったらどう思う	□給食のカレーができあがるまでには，たくさんの人の関わりがあることを知る □残菜の写真から，たくさんの人の思いや働きについて考える	給食のイラスト 写真
展開後半	・みいちゃん（牛）はどんな生活をしていたか考える ○このお肉を泣きながら食べた女の子の気持ちを考えよう ・給食（カレー）の中にも様々な命が入っていることに気づく	□みいちゃんになりきり，牛にもみんなと同じ人生があったことを知る □なぜ女の子は泣いていたのか。また，お肉を食べるとき言った「いただきます」はどのような気持ちだった ・米にも命があり，それを育てた農家さんの思いにも気づかせる	
終末	・食事前後の挨拶について考える	□私たちの食事は，「人の働き」と「命」でできていることに気づき，感謝の心を持たせる ■命の大切さに気づけたか。また，食事を作ってくれる方に感謝の思いを持てたか	

10　授業の実際

①指導を終えて：授業を行った実習生の省察談話

授業を実践してみると，児童を授業に引き込むことの難しさ(a)を知った。テーマを児童にうまく落とし込むこと(a)ができなかった。この資料を切り口に考えさせることができたはず(b)なのに，それを深く伝えること(b)ができなかった。もっと教材をいろいろな面から見つめ読み解くべき(c)だと思った。

授業改善の方策

(a) 児童を授業に引き込むことができず，目標が曖昧なまま授業を進めてしまった。

→なぜ，今日の授業でこのようなことを考えなければいけないのか，導入段階で，ある程度児童の思考のベクトルを揃える必要がある。そのために，たとえば日々の給食における残菜の量を提示するだけでなく，食事前後の挨拶の様子や教師が気になっている点を少し語ったり，児童に自分たちの現状を思い返させたりする時間をとり，日常生活と本時の授業との繋がりや必然性を持たせることが大切である。

(b) まず，挙手がないと不安になるため，一問一答式の問いに傾斜し盛り上がる（ワイワイ常に誰かがしゃべっていて，深く考える時間のない）授業を求めてしまった。次に，展開前半は，命を解く側や命あるものを加工する側の思いに寄り添わせつつも，展開後半は，命を解かれる側や加工されたものを食す側の思いを考えさせることになり，どの立場から考えるかによって意見が変わり，いつしか何を考えればよいのかわからなくさせてしまった。

様々な立場から現状を見つめさせることは大切なことであり，命を解く側からのアプローチや命を食す側からのアプローチは必要である。ただ，今回の実践においては，両者の思いを出させただけ（考えさせただけ）に留まっており，意見を紡ぐ時間がなかったことが課題であった。今日児童に考えさせたい目標地点（本時の目標）を教師はしっかりと見定めたうえで，道先案内人として児童の意見を紡いでいく問いや，終末の工夫が必要である。

(c) 給食の残菜が多いことに注目し課題設定を行ったことはよかった。しかし，命あるものをいただいているのだから，「給食を残すべきではない」と論じるのは，当為論（～べき論）であった。

→たとえば，「好き嫌い（偏食）のために残さざるを得ない」児童にとっては，命あるものを食しているのだからという理由で，行動を変えることができるのか。また，調理してくださっている方々に感謝の気持ちは抱いているが，早く遊びに行きたくて残したり挨拶を雑にしてしまったりしている生徒には，どのような問いが必要だったか。様々な角度からの，問いの吟味や考察の必要性があった。くわえて，仮に「給食費を払っているから残してもいいのでは」という考えには，どのように対応するかなど，予想外の展開にも対応できる準備があったかどうかも重要であろう。

②指導の留意点（中学年の指導）

(a) 道徳資料と日常を結び付けること

文章だけの読み物教材だけでなく，絵本やペープサートなどを用いることで，考えさせたい内容に引き込みやすくする工夫も必要である。また，今回の実践のように，現状を示した写真や逸話も効果的に活用したい。

(b) 継続的な指導を行うこと

学習の対象者は人間であるとともに，まだ10歳以下の子どもであるので，今日理解したからといって，明日以降も実践できるかどうかはわからないという前提にたち，我慢強く継続的に伝え，考えさせていくことが大切である。そのため，今回は絵本を用い給食時のあり方を考えたが，次は，筆記用具や持ち物の扱い方に着目して，今回のねらいとも結びつけながら授業を設計していくことが大切である。

(c) 保護者の理解も求めていくこと

学校は教育の場であると同時に生活の場でもある。その観点から考えると，家庭での延長線上に現状の姿があるとも言える。今回の授業を例にとっても，無理して食べさせないで欲しいという家庭もあるかもしれない。つまり，学校と家庭間での指導内容が異なる場合も考えられる。そういった場合，担任の考え方（思い・方針）を保護者に伝えておくことが大切である。そして，学級通信や懇談会といった場面を通じて，保護者との意見交流も深めた上で，教師の授業方針を支援していただける関係をつくることも重要となる。

③児童の変容

今回，児童は実習生と担任が同じ教材を用いた授業で学び合った。児童は現状を見つめ直す中で，お互いにしっかり食べようという声かけや挨拶をしっかりしないといけないよと注意し合ったりする関係が構築された。

道徳学習指導案（小学校中学年 B）

1　**日　時**　○○年○月○日（　）　第○校時
2　**対　象**　第３学年○組　（○名）
3　**場　所**　教室
4　**主題名**　みんなでよりよい学級をつくろう
5　**資料名**　『教室はまちがうところだ』　蒔田晋治　作　長谷川知子　絵
6　**内容項目**　C-(15) よりよい学校生活，集団生活の充実

7　主題設定の理由

（1）児童について

児童観では，子どもの集団としての実態，一人ひとりを見つめた実態を書く。課題が見えがちであるが，子どもたちが今できていることを認め，さらに子どものよさを伸ばしながらよりよくするためにはどうすればよいのかをしっかりと分析することが必要である。その実態がどのような要因で起こっているのか，発達段階に起因するのか，環境は家庭に影響されているのかなど複合していることが多いので，教師はその眼で子どもの抱えている背景をも含めてしっかりと見つめる必要がある。

本時は，学級開きの際に行うことを想定しているので，どのような実態であるとしてもあたたかく受け入れることが大切だと考える。

（2）ねらいとする価値

本時は，C「主として集団や社会との関わりに関すること」の中の内容項目「先生や学校の人々を敬愛し，みんなで協力し合って楽しい学級をつくること」を扱い，よりよい学級集団になるために，「教室はまちがうところだ」の主題を考え，自分と学級を肯定的にみる心を育むことをねらいとする。

この授業は，学級開きの際に行う。進級して，新しい人間関係になった子どもたち同士が新しい学級集団をつくっていく時に，力みすぎたり，教師も含めて間違うことはよくある。そのため，お互いを認め合いながらその集団の一員として共にがんばっていこうというメッセージを送るために設定する。間違えること，失敗してしまうことを恥ずかしいと思わずに，互いがより成長するために不可欠なこととして認識できるようにする。それによって，学級集団としてこれから相手の間違いを責めず，責められずにがんばっていこうという価値観を共有することができる。それは，教師にとっても同じである。ともすれば，教師が子どもたちの間違いを失敗として指摘しがちである。その結果，人前で発表することに抵抗を持つ子を育ててしまっているにもかかわらず，「どうして発表しないのか」と責め立ててしまう。学級集団自体が，みんなで間違いを生かしながら育っていこうという価値観を共有し，そしてそのあとの日常生活の中でも「教室はまちがうところだから」というメッセージを送り続けることで，この授業での価値観が学級の中の子どもたちに育っていくのである。

（3）資料について

本時は，蒔田晋治作，長谷川知子絵の『教室はまちがうところだ』という絵本を取り扱う。作者は，静岡県で小学校，中学校の教師をしており，その経験がこの本に反映されている。本の内容は，教師が子どもたちに語りかけるようにつくられており，読み聞かせることにより子どもたちへのメッセージとして伝わるようになっている。手を挙げた時に胸がどきりしてしまう様子やうまく言えなくてことりと座ってしまうことなど，子どもたちにとっては共感できる内容が多くあるだろう。また，教師や神様でさえもまちがうことがあるのだというメッセージから，「まちがえることは恥ずかしいことやダメなことではない」ということが自然なメッセージとして伝わるようになっている。また，「手をどんどん挙げて，みんなでああだ，こうだと言い合ううちに答えへとたどりつくのだ」という集団で学習することの大切さを描いている。

8　指導観

本時は，はじめにこのクラスをどんなクラスにしたいかを子どもたちに聞く。学級が始まって間もない子どもたちは意欲満々に「優しいクラス」「笑顔がいっぱいのクラス」「発表がいっぱいのクラス」「楽しいクラス」前向きな意見を口々に答えるだろう。もちろん誰も「失敗の多いクラス」とは答えない。そんな中でもやはり手が挙がらない子がいる。子どもは誰でも自分の意見を聞いてもらいたいのだ。しかしながら，何かの妨げにより自分の意見を発表できない経験や自分の意見を受け入れなかった経験により，自ら手を挙げて意見を言うことはできなくなって

いるのである。また，発達段階として主観的に物事を捉えていたところから一歩立ち止まって自分というものを客観的に見ようとする視点が徐々に育ち始める段階でもある。これまでどう思われているかということを気にしていなかった子どもたちも，間違えた言葉が他者にどう思われるだろうと気にし始める。手を挙げることやその後を考え始める子どもたちではあるが，自分の意見を聞いてもらえる経験や自分の意見を受け入れてもらえる経験を重ねることで，自ら手を挙げて意見を言えるようになると考える。

そこで，「先生もこんなクラスにみんなとしていきたいと思います」と伝え，読み聞かせを始める。絵本を視覚的にも見られるように，あらかじめ電子黒板で拡大掲示できるようにスライドとして準備をしておく。もちろん言葉だけの読み聞かせでもよいが，挿絵もあることによりその状況がわかる。自分とつなげ，自分ごととして考える上では効果的であると考える。

そして，読み聞かせの後，再度「どんなクラスにしたいか」と聞くことでみんなの間違いを受容しあうことのよさに気づくことができると考える。もちろん，絵本だけに終わらず，子どもたちとともに教師も自分自身の間違いや子どもの間違いをプラスに受け止め，成長の一助として考えることでよりよい集団に近づいていけるであろう。

9　本時の展開例

学習活動と内容	指導上の留意点・支援・評価	準備物
1．新しいクラスになってどのようなクラスにしていきたいか発表しあう。 「優しいクラス」 「笑顔がいっぱいのクラス」 「発表がいっぱいできるクラス」	・これから自分たちのクラスをみんなでつくっていくのだという意欲が高まるように声かけをする。	
どのようなクラスにしていきたいかを考えよう。		・電子黒板 ・スライド
2．『教室はまちがうところだ』の読み聞かせをする。 3．この本を聞いて，考えたことやどんなクラスにしたいかを交流しましょう。 「やっぱり，まちがえることははずかしいけど，がんばって自分の意見を伝えたいと思いました。」 「ぼくは，2年生のときにうまく意見を言えなくて，それから手が挙げられなかったけれど，これからは相手がまちがってもわらわないで，自分も意見が言えるようにしたいです。」	・子どもたちに語り掛けるように読むことで，主題がより伝わるようにする。 ・子ども同士で意見がつなげられるように児童間指名を使う。	
4．振り返りをする。（グループ・ノート） ○3人グループでこれからどのようなクラスにしたいかをまとめてみましょう。	・ホワイトボードを使うことで，3人の意見を可視化し，その後クラス全体で共有する。	・ノート ・ホワイトボード

10　評価

・自分たちでよりよい学級にしていくために意欲を高め，失敗やまちがいを肯定できる素地を養うことができたか。（発言・記録）

道徳学習指導案（小学校高学年 A）

1　**日　時**　○○年○月○日（　）　第○校時
2　**対　象**　第６学年○組　（○名）
3　**場　所**　教室
4　**資料名**（内容項目）「新・貿易ゲーム—今，私たちにできること—」（C-(13) 公正，公平，社会正義）

5　学級の実態把握（仮想）　高学年

身近な外国名や現在の世界情勢については，新聞やニュースで聞いたことがあるという程度の児童がほとんどであり，２割程度がより具体的な内容を知っているという状況である。考えのほとんどはニュースや保護者からの受売りである。

集団的には，論理的に説明できる子や感性で発表する子など，多種多様であり，ペア学習やグループ学習にも積極的である。

6　ねらいとする価値観（フェアトレード論をふまえて）

私たちの生活を支えている様々な商品は，グローバルなネットワークの中でつくられる協働の産物と言える。しかし，そのようなグローバルな商品生産は，経済的な弱者からの搾取という負の側面をしばしば持っている。フェアトレードとは，開発（発展）途上国の作物や製品を適正な価格で取引することによって，生産者の生活向上を促す仕組みと言えるが，そうした仕組みについて知り，考え，議論することは，グローバル社会を生きる児童らに相応しい道徳性や倫理観の育成に資すると考えられる。

具体的には，たとえばカカオやコーヒー豆，茶やコットンなど，児童にとって身近な商品を主題に，道徳科，社会科，家庭科などの教科との連携を図り，「商品生産のグローバルな理解」＋「『フェアネス』という道徳的価値の理解」（内容項目Ｃ（13）「公正，公平，社会正義」）という複合的な学習目標を追求していきたい。

7　資料について

①出典　開発教育協会，かながわ国際交流財団著『新・貿易ゲーム〔改訂版〕—経済のグローバル化を考える—』開発教育協会，2006年
②資料の概略（資料の内容）
上記の資料をもとに，学級の実態に合わせ，若干の改良を加え実践した。
③参考文献　　ケイティ・ディッカー原著，稲葉茂勝翻訳・著『信じられない「原価」 買い物で世界を変えるための本』講談社，2015年

8　本時のねらい

世界の国々には，資源的な格差や技術的な格差が存在することなど，幅広い観点から現在の世界情勢をつかませる。その上で，その格差を解消するために，私たちができることや，仲間が集まることによってできること，そして，それが国際協力という形で実現していく世の中を創造することの大切さについて，主体的・対話的で深い学びのある授業を通して考えさせたい。

9　本時の展開例　○主な発問・指示　□指導上の留意点・支援等　■評価の観点

区分	学習活動と内容	指導上の留意点・支援・評価	準備物
導入	・貿易ゲームの方法を知る。 ○渡された（決められた）道具だけを使って，どれだけ多くの収入を得られるかを競うルールであることを徹底する。 ○先進国にはハサミや定規等（工業製品を意味する）はあるが，紙（資源）はなく，開発途上国はその逆の状況を作り，「格差」をつける。	□３～４人のグループを作成する。 □グループごとに格差をつけ，そのレベルにあった準備物を配付する。 □進行役は教師が担い，全体の流れを看取りながら授業の展開や振り返りの際の情報収集を行う。	ハサミ，定規，紙，鉛筆，クリップ，封筒，分度器，コンパス等
展開前半	・グループで相談しながら，製品を作る（課題に取り組む）。	□児童のやり取り状況を注意深く観察し，基本的にはグループで解決方法を模索さ	ルールを書いた模造紙

	○進捗状況を観察する。この時の見取りが，展開後半の問いにつながることを意識する ・グループ間で道具や資源のやり取りを行う。	せる。ただし，グループ間の相互やり取りが起こらない場合は助言し，やり取りを促す。	
展開後半	・進行役の指示に従い，ルールを変更しつつ，活動する。 ○授業展開を観察しつつ，製品の価格を下落させたり（需要と供給の関係から市場価格の変動），道具を貸し出したり（国際機関からの技術援助），紙を配ったり（新たな資源の発見）する。	□グループ内での議論が滞っている場合，適宜助言する。 □現状分析を行い，資源の供給過剰等にならないよう注意を払う。 □グループ間の「格差」が大きくなり，現実の国際社会と似た幾つかの現象が出てきたら，終了する。	
終末	・活動を振り返り，今の活動が，現在の世界の現状と似通っていることに気づく。 ・よりよい貿易のあり方や国際ルールについて議論する。	□児童の議論をコントロールしつつ，ねらいに迫るよう支援する。 ■南北格差等，国際協力や自身の行動のあり方を考える。	

10　授業の実際

①指導計画

道徳科においては，様々な教材を用いねらいに迫っていく。特に今回はフェアトレードという，若干小学校高学年にとって難しい内容を扱うため，以下のように系統性を持たせた上で，本時の授業を行う。ただし，すべてを道徳の授業時間に扱うことは難しいため，社会科の授業との関連性を持たせて実施した。

第１次　世界の現状に関する児童の理解程度をはかるため，５年生までの社会科学習等を踏まえ，事前に，どのような国を知っているかといった簡単な質問項目から，世界の国々の現状をどれほど知っているか，あなたがそれらの現状を踏まえて行ったことのある（家族で行っている）行動等の項目について調査を行った。

第１時　先進国と開発途上国の現状を知り，サプライチェーンの理解を図る

第２時　需要と供給の関係について理解を深める

第２次　国際協力の１つとしてのフェアトレード

第３・４時　自由貿易や経済のグローバル化がもたらす問題点に気づく（本時）

第５時　公正な取引の重要性を考える―フェアトレードの現状と課題―

第３次　フェアトレードから地球環境を考える

第６時　私たち一人ひとりができる国際協力のあり方について考える

②指導観

(a) 正確な情報を基に，多様な文化や価値観の存在に気づき，国際理解の幅を広げること

新学習指導要領においても，これからのグローバル化の時代に対応するために，「内容項目Ｃ：主として集団や社会との関わりに関すること」に，【国際理解，国際親善】〔第１学年及び第２学年〕「他国の人々や文化に親しむこと」が新設されただけでなく，多様な文化を尊重し国際親善を進めていくために，平成20年告示の学習指導要領の第５・６学年においては，「外国の人々や文化を大切にする心をもち・・・」と記述されていた表記を「他国の人々や文化について理解し・・・」に変更するなどの改訂が行われている。

これは，図示すれば明らかになるように，前者は日本を中心とした考え方であるが，後者は日本と他国を並列に扱っていることが鮮明にわかる。

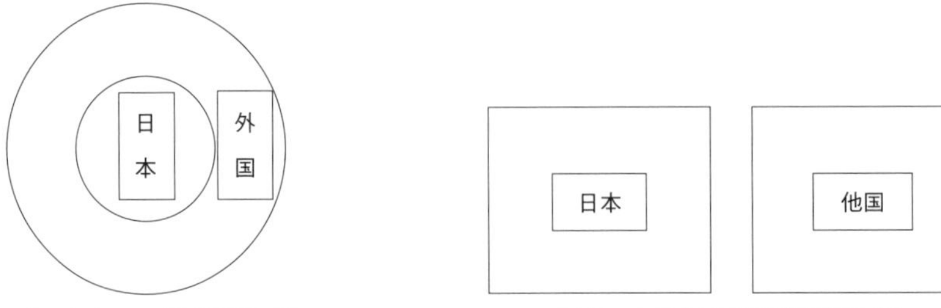

平成20年告示の学習指導要領　　平成29年告示の新学習指導要領

つまり，学習指導要領の記述からも，多様な文化があることを理解し尊重した上で，国際親善に努めていくことの大切さが求められている。またグローバル化に対応する素地を養う観点からも，自国を中心とする見方ではなく，対等な他国として世界の国々を捉えることの重要性が増していると言うことができる。

今回の実践においては，なんとなく知っている情報（たとえば，理由はよくわかっていないにもかかわらず，目にするメディアの一部の情報からアフリカ諸国は貧しい国が多いといった偏った見方）を，できる限り正確なデータを示すことで，誤ったデータを訂正し，他国の正しい現状理解を図った。このように，児童の認識をある程度そろえた上で，自由貿易や経済のグローバル化がもたらす問題点について検討を行った。

(b) 当為論（〜すべき）や短絡的な結論に陥らないようにすること

世界の国々における資源的な格差や技術的な格差の現状を知った児童らは，当然のことながら，その格差を解消するためにどのようにすることが大切かを導き出そうとする。しかし，格差が生じるまでには様々な要因が潜んでおり，簡単に解消しないからこそ，根深くそこに問題として残っているのである。

だからこそ，他国には同じ年代の子が，日本で生活する子のように十分な食事を摂ることもままならない現状を理解させ，なぜそのような状況になっているのかを追求したくなるような問いを提示し，「対岸の火事」「高みの見物」にならぬよう，自分自身の問題として捉えられるよう指導しなければならない。

この事を踏まえれば，今回の「新・貿易ゲーム」の実践が，興味本位のワークショップ的な位置づけにならないようにすることが重要であり，この取組を通して，「今，自分にできることは何なのか」を深く追求させることが求められる。

(c) 他教科との関連を図ること

新学習指導要領では，これまで目標に示されていた各教科との関連が，内容の取扱いの項目に移行され，「道徳教育としては取り扱う機会が十分でない内容項目に関わる指導を補うことや，児童や学校の実態等を踏まえて指導をより一層深めること，内容項目の相互の関連を捉え直したり発展させたりすることに留意」すべきと記述されている。そのため，高学年にもなると，教材の中に様々な情報が盛り込まれてくる。

今回の実践であれば，世界情勢を知らなければ多様な感じ方や考え方をすることすらできないので，社会科における明治・大正・昭和期の時代変遷やその際の出来事（たとえば〜事変や〜戦争といったもの）を理解した上で行う場合とそうでない場合とでは，思考に違いが出てくることは当然のことである。

今日のまとめとして
6年　名前（　　　　　　　　）

1　渡された袋の中には、何が入っていましたか。

2－1　自分のグループに入っていた物や周りのグループに入っていた物は、それぞれ何を表していたと思いますか。そう思った理由も書いてください。
（例：鉛筆、定規、はさみ、コンパスなど。紙をのぞく）

鉛筆	
定規	
はさみ	
コンパス	
分度器	

2－2　紙は何を表していたと思いますか。（理由もふくめ）

3　今日のグループでの活動中に、どのようなことを感じましたか。

4　今日のグループ間でのやりとりが、「現実の世界の様子」を表しているとすれば、それはどのような点ですか。理由もふくめ、書いてください。

ワークシート例

道徳学習指導案（小学校高学年 B）

1　**日　時**　○○年○月○日（　）　第○校時
2　**対　象**　第5学年○組　（○名）
3　**場　所**　教室
4　**主題名**　望ましい集団と個人の参加・参画について深く考える
5　**資料名**　吉田甲子太郎『星野君の二塁打』大日本図書，1988年
6　**内容項目**　C-(12)「規則の尊重」および（16）「よりよい学校生活，集団生活の充実」

7　主題設定の理由

（1）児童について

みんなで考え，話し合って，高め合うという点では成長してきているものの課題が多く残されている。説得力や提案力が具体的内容や論理の筋道よりも攻撃的な口調や声の大きさ，根拠のない自信によって支えられている場合も多い。学びの集団としてはまだまだ未熟であるが，学んだことを自分の言葉で伝え合うことができるようにし，わからないものはわからないということの大切さを理解する必要がある。何をわかろうとしているのか，何がわからないのか，なぜわからないのか，どうしたらわかるようになるのかなど何となくわかったような気がした時，自分の言葉で相手に伝えることができるのだろうか？　伝える側はアプローチを変え，受ける側はその土俵に乗れるように，普段の会話から知的な内容を豊かな言葉と表現で楽しみ基礎体力を高めていきたいものである。

これまで，道徳，社会，朝のスピーチ活動を通して「価値判断・意思決定」を行ってきた。違う価値観がぶつかりあう合うことにより，新たな価値観が生まれることもある。文科省の「いじめ防止対策協議会」ではいじめ防止として「道徳教育」と「法教育」の重要性が指摘されているが，現代の教育課題の解決のためにも考え，議論する道徳の授業を創造していきたい。

（2）ねらいとする価値

本時は，C「主として集団や社会との関わりに関すること」の中の内容項目「法やきまりの意義を理解した上で進んでそれらを守り，自他の権利を大切にし，義務を果たすこと」および「先生や学校の人々を敬愛し，みんなで協力し合ってよりよい学級や学校をつくるとともに，様々な集団の中で自分の役割を自覚して集団生活の充実に努めること」を扱い，「～ねばならない」ではなくて，「そういう考え方もあるのか」という気づきの中で望ましい集団と個人の参加・参画について深く考えることをねらいとする。

かつては「約束や規則の尊重」からのアプローチが主たるねらいであり，監督の指示を守ることを迫り，星野君の行動はチームの存続にかかわるスタンドプレーと判断され戒められてきた。もちろん，監督が出した指示に従うことはチームには求められる。多様な価値観が混在する現代社会において法で規定されていないルールを巡っては1つの文化をどうみるのかという視点とも関わって多くの意見がある。対立する意見にはそれを支える根拠があることを知り，1つの事例を多面的にみていきたい。そこで今回はこの間講義でモラルジレンマを取り扱ってきた経過を踏まえ，「よりよい学校生活，集団生活の充実」からのアプローチも試みたい。監督の指示に従わずに好結果を出した選手への対応をチームメイトの対場から考え，望ましい集団つくりや合意形成（合意と納得・理解と協力）について，自分の考えを示して話し合う。

（3）資料について

「星野君の二塁打」は，もともと国語の文学教材であった。それが道徳の教材として4ページ程度のダイジェスト版として多くの教材会社の副読本に採用されてきた。いわば道徳の国民的教材として広く取り扱われてきた資料である。また，副読本に掲載されている資料と原作を読み比べた上で，文学作品を道徳教材として使用する際の留意点も考えてみたい。

当時明確であった主題は時代の変化とともにみえにくくなったためか現在は副読本に記載されてはいない。しかし，このような時代だからこそ資料の持つ価値が当初のねらいとは別の視点でクローズアップされてきたと考えられる。明確な主題は薄れたが，モラルジレンマの事例としての価値は高まった。1つの事象を巡って多様な価値判断・意思決定の可能な教材を使用し「～しなければならない」から，「こんな方法もあるよね」への転換を図りたい。

文学作品を道徳教材として取り扱うとき人物の心情に迫ったり情景描写を味わうことだけでなく，人物の行動の価値判断を考えなくてはならないところにポイントがある。その判断には「善悪：善か悪か」「正邪：正しいか間違っているか」「損得」以外に「人間らしいからしくないか：5年生ならば，5年生らしいか，らしくないか」という判

断も必要となってくる。それを1時間で行わなくてはいけないために多くの資料は行動を重点的に取り上げたダイジェスト版になっていることが多い。文学作品の価値が損なわれるという指摘もあるし，作者によってはそういう取り扱いを拒む場合もある。指導者はそういうことも考えて原作と資料の違いを比較し，作者の他の作品にもぜひ触れておきたい。

「星野君の二塁打」も副読本では最後の出場を禁じる指示とそれを受け入れる星野君の描写は削除されている。授業によっては今後の処遇を予測させる事例もある。吉田甲子太郎の他の作品ではバントを決めて好結果につながり自己肯定感や自己有用感が増したお話もある。

8　指導観

主体的・対話的で深い学びを実現するための授業改善を工夫したい。発言に慎重な児童の思考の可視化のために，意思表示の方法として今回は3色カードを利用する。全体の傾向や自分の意見がどの位置にあるのかを客観的にみることができる。

本時では，チームメイトの立場に立って考える。星野君の立場に立てばどうなるのかにも触れたい。多様な立場に立つことが道徳の学習における「多角的な考え方」迫ることとなる。

また，個人→グループ→学級という流れで話し合いと全体交流を取り入れたい。グループは3人を基本とし，司会・記録・発表を持ちまわりで行う。個人用ミニホワイトボード，グループ用ホワイトボードを使用し，考慮時間は教材提示装置で示す。授業のふりかえりは，知識・理解に重点を置いたときは「わかったこと」「わからなかったこと」「新たな疑問と調べてみたいこと」を視点にふりかえり，思考・判断・表現に重点を置いたときは「最初の考え」「途中の考え」「現在の考え」「自分の考えを支えてきた根拠」に重点を置く。このふりかえりは子どもの変容をつかむためには必要なものである。本時の成果と課題を探り，次時の学習の構想を行う上の重要な資料となる。

9　本時の展開　○主なる指示，発問　＊留意点　◇支援　■評価

	学習活動と内容	指導上の留意点・支援・評価	準備物
導入	日本における野球という運動文化を考える		
	1　日本における野球の文化としての広がりを確認する。 ○日本の国技について話し合いましょう。 ○野球についての考えを3色カードで示し，話し合う。	＊3色カードの使い方を知らせる。	・スライド資料 ・意思表示3色カード
展開	2．資料を読んでお話の概要をつかむ。 ○お話を読んで考えましょう。 3．星野君の行動を判断する。 ①共感の判断 ②正邪・善悪の判断 4．監督の処遇を判断する。 ①監督の価値判断　正邪の判断 ②処分の判断　罰の軽重	＊お話のポイントを確認する。 ＊3色カードで意思表示し全体の傾向を掴む。 ■集団の意識の傾向を掴み，自分の考えの位置を知ることができる。	・資料
	あなたはチームメイトとしてどう考えますか		
	5．監督の意向を受けてチーム会議で話し合う。 ○チームの1人として星野君の処遇について話し合いましょう。 グループワーク ①　個人で考える。 ②　グループで話し合う。 グループで話し合い，より説得力のある意見に近づける。選手からの要望としてまとめる。 ③　全体で交流する。 発表と質疑応答 他のグループの考えのよいところや疑問を見つけて話し合う。	話し合ったことをグループボードに記入する。 ・3人1組 ・司会，記録，発表を分担する。 ◇机間指導を行いグループ学習がうまく進まないグループへの支援を行う。（うまくいかない原因を明らかにし，克服のための具体的な助言をする。） ＊グループボードを分類して掲示する ■チームの1人として望ましい集団作りについて考えることができる。	・グループボード ・マーカー

終末	学習のふりかえりと交流 ○ふりかえりをワークシートに書いて今日の学びを交流しましょう。	・ふりかえりの視点を与える。 はじめの考えと今の考えを比較し，自分の考えに影響を与えた考えについて振り返る。	ワークシート

10　評価

監督の指示に従わずに好結果を出した選手への対応をチームメイトの対場から考え，望ましい集団つくりや合意形成（合意と納得・理解と協力）について，自分の考えを示して話し合うことができたか。

道徳学習指導案（中学校 A）

1　**日　時**　○○年○月○日（　）　第○校時
2　**対　象**　第２学年○組　（○名）
3　**場　所**　教室
4　**資料名**（内容項目）「乱れたスリッパ」（C-(10) 公徳心，(15) 集団生活の充実）

5　学級の実態把握（仮想）

本学級の生徒は，小学生段階から公共の場でのマナーを学んできているため，場をわきまえた行動ができる。しかし残念ながら，ときには通学で利用している電車やバス内でのマナー（優先座席・携帯・カバン・会話・飲食等）に対して，地域から苦情を頂くこともある。

それは何も登下校のことだけに限定されるものではない。たとえば学校内においても，プリントや消しゴム，ゴミ等が落ちていても見て見ぬふりをする姿が見られる。中学生になると宿泊学習や総合的な学習の時間を通して，いろいろな施設を利用する機会が多くなるので，ルールやきまりではないけれども，人の気持ちや周囲の状況を考えて行動する思いやりの心を養ってもらいたいと考えている。

6　ねらいとする価値観

世の中には，自分と違った様々な考え方を持った人がいる。そのように多様な考え方を持った人々と時間や場所を共有するなかで，自分だけがよければよいという自分本位の行動をしていては，互いに気持ちよく社会生活を過ごしていくことは困難になってしまう。特に公共の場では，周囲の人のことを考えた行動が欠かせない。そこで，一人ひとりがその主体者として，自分の属する社会・集団をよりよくしたいと願い，誰もがみんなの役に立ちたいと願っていることを期待し合って，自分のとるべき行動をよく考えて行えるようにしたい。

そのためには，一人ひとりが，それぞれの位置や役目の義務を果たし，人に迷惑をかけないように規則やルールを守って行動することが大切であるが，そのことだけに終始するのではなく，積極的にみんなのことを考えて行動する気持ち，つまり「公徳心」も必要不可欠である。人々が互いに気持ちよく生活するためには，きまりを守り，自分の義務を果たすだけでなく，相手に気持ちよく過ごしてもらおうとする社会・集団の一員としてのマナー・尽力・思いやりが大切であることに気づかせ，公徳心について考えさせたい。

また同時に，温かい人間愛の精神を深め，どんなときでも互いに思いやり，明るい希望を持って助け合おうとする気持ちも大切である。人間に対する深い理解と共感を持ち，だれに対しても暖かいまなざしを向け，思いやりの心で接することで，人間として崇高な生きる喜びも生まれてくることに気づかせたい。

7　資料について

①出典　竹田敏彦「乱れたスリッパ」，荒木紀幸監修『モラルジレンマ教材でする白熱討論の道徳授業（中学校・高等学校編）』明治図書，2013年，pp.40-45（C-15）

②資料の概略（資料の内容・あらすじ）

資料「乱れたスリッパ」は，履物が乱れていて通りにくい状態となっている地域施設において，一人の老婦人が整頓する場面に遭遇した私の葛藤について書かれたものである。

そこでは，乱れたスリッパの状態を知りながらも何も行動せず，眺めていた自分の存在と，老婦人の登場をきっかけに，気持ちよく他の人が利用でき，また老婦人の負担も減ると考え手伝いを申し出ようとしたが，以前の言動（私と老婦人は一度出会っており，一緒にゴミを片づける手伝いを申し出たが，ある理由で断られている）を思い出し，何もすることができなかった自分の存在が，対照的に描写されている。

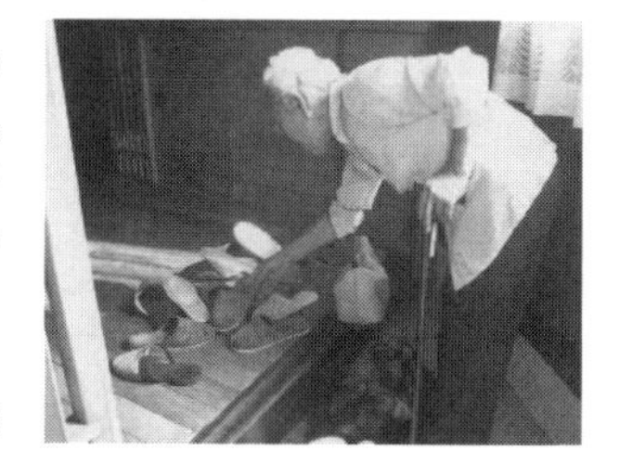

公共の場を気持ちよく利用しようとする社会連帯の意識，住みよい社会をつくっていこうとする気持ちは，望ましい社会を実現していくためには必要である。それだけでなく，他者に対する深い理解と共感を持ち，だれに対しても暖かいまなざしを向け，思いやりの心で接することができる点に，人間の持つ心の気高さやすばらしさがある。

生徒の実態からも，これらの思いについて考えを深めさせたかったと同時に，思いを持ちながらも行動を躊躇してしまった「私」の葛藤を通して，深い学びにつなげられると判断し，この資料を選択した。

8　本時のねらい

「みんなが気持ちよい生活を送るため」と「思いやりの心，助け合おうとする気持ち」双方について悩むことで深く考えなければならない。本資料を通して，気持ちよく過ごしてもらおうとする配慮の心と人間に対する深い理解と共感が大切であることに気づかせたい。そのために，「手伝う」「手伝わない」両方の意見を聞いたうえで，価値観の相違を比較・理解し合うことで，級友の見方・感じ方から学び合いを深め，自己の生き方について自覚させていくことに力を入れた。

9　本時の展開例　○主な発問　□指導上の留意点・支援等　■評価の観点

区分	学習活動と内容	指導上の留意点・支援・評価	準備物
導入	・２枚の写真を（乱れたスリッパと杖をついた老婦人）を見て，どんなことを思うか出し合う。 ○老婦人はこの状況をどう見ていると思うか。 ○この状況の場合，あなたならどうするか。	□写真から大勢の人が利用する場所であることを想起させ，資料の内容につなげる。 □一人ひとりの考えを尊重しつつ，現時点での生徒の判断状況を見取る。	写真
展開前半	・資料「乱れたスリッパ」を読む。 ○「私」はどんな気持ちで脱ぎ捨てられたスリッパを見ていましたか。 ・ワークシートに今の考えを記述する ○老婦人はどんな思いでスリッパを並べているのですか。 ○「私」は老婦人の行動を見て，どんなことを考えていたと思うか	□生徒の現状に合わせ，範読や交代で朗読する。 □資料中の「私」として考えを述べさせる。 □老婦人の思いを知る過去の逸話に着目させる。つまり，公徳心だけの話にならないよう，老婦人の気持ちにも着目させる。	ワークシート 名前札
展開後半	○「自分自身」はどうするべきか。 ・ワークシートに今の考えを記述する。 ・自分はどういった意見・立場をとるか，名前札を黒板に貼りつつ，発表する。	□自分なりの根拠をもって発表させる。 □できる限りたくさんの生徒に発表させ，様々な考え方に触れさせ，より深く考えさせる。	
終末	○他者の意見を聞き，自分の意見に変化が生じた人は，理由とともに発表してください。 ・自身の考えの変容を認識させる。	□「手伝う派」「見守る派」の双方の考え方と現実世界を往還させ，葛藤させる。 ■自分なりの理由を持ち，日常生活の具体的な場面を踏まえながらどうすべきか判断しようとしている。	

10　授業の実際

①ワークシート

1　「私（登場人物）」はどんな気持ちで脱ぎ捨てられたスリッパを見ていたか。
2　老婦人はどんな思いでスリッパを並べていたか。
3　「私」は老婦人の行動を見て，どんなことを考えたか。

4　「私」が「自分自身（あなた）」なら，どうするか理由を持って考えよう。
5　今日の議論を通して考えたことはどんなことか（振り返り）。

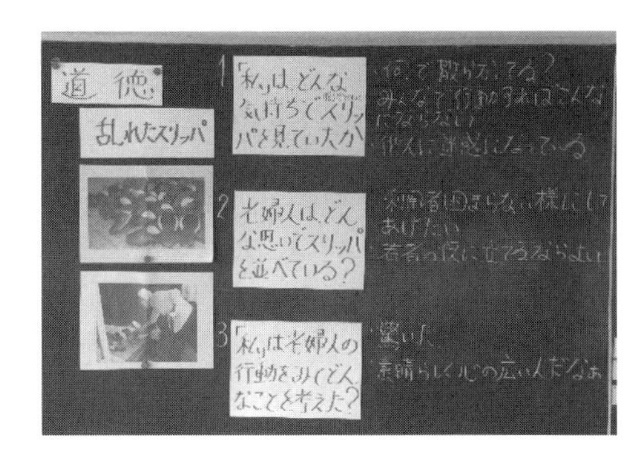

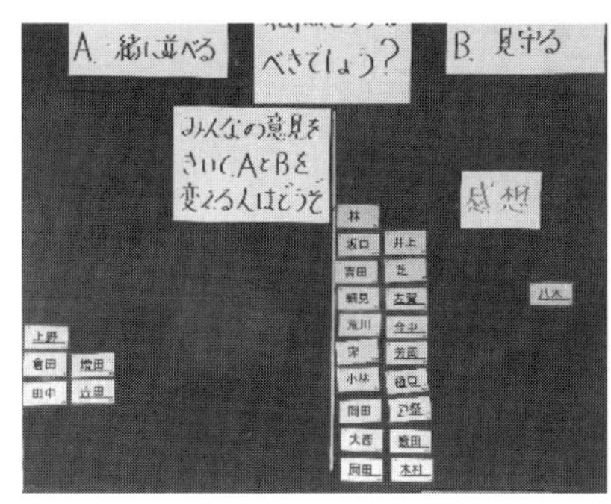

②指導の留意点（中学生の指導）

(a) 教材の世界と現実世界を重ね合わせること

中学生ともなると，スリッパがバラバラになっていたら直した方がよいことは自覚している。と同時に，実際にそういった場に遭遇したとき行動に移せなかった苦い経験もしている。本教材を扱う際も，当為論（べき論）に終始することなく，展開前半では「私」の心情として仮想現実の世界を読み取らせながら，展開後半では，「私」の行動を自分自身の実体験と重ね合わせつつ，考えを深めさせた。

(b) 考え方の多様性に気づかせること（葛藤させること）

老婦人は散らばったスリッパを前にして困っているはずだから手伝ってあげよう，と考える生徒は多い。しかしこの考え方は一方向からのみの見方であり，老婦人の思いは捨象されている。本時においては，過去の老婦人の思いにも触れ他者理解を深める中で，考え方には多様性があり，それを無視して考えると，ただの自己満足やお節介になってしまうことに気づかせた。

③生徒の変容（生徒のワークシートの記述より）

- 最初，私ならスリッパを一緒に並べると思ったが，「手伝う・見守る」2つの意見を聞き合う中で，どちらの意見も正しいと思った。そして，人によっては手伝ってほしい場合もあるから，場面ごとによく考えることが大事だと思った。
- 「見守る」意見でも，違う考え方があることに気づいた。今日の学びを次の宿泊行事にいかしたい。それと，私はやはり老婦人を手伝ってあげたい。
- 実際，このような場面に出会ったら，どうしたらいいか判断できるだろうか。

11　授業後のエピソード

この授業を終えた2週間後，3泊4日の宿泊学習へ出かけた。大広間に入る際，一人ひとりがきれいに並べて脱ごうとしただけでなく，散らばったスリッパに気づけば，その場ですぐにそろえていた。それは，自分たちの荷物だけでなく宿泊先の布団の整理にまで広がり，宿のご主人からも褒めていただいた。

道徳学習指導案（中学校B）

1　**日　時**　○○年○月○日（ ）　第○校時
2　**対　象**　第1学年○組　（○名）
3　**場　所**　教室
4　**主題名**　生命の尊さの再考を通して，自分の意見を持ちつつ様々な意見を受容する。
5　**資料名**　「飛べなかったハト」
6　**内容項目**　D-(19) 生命の尊さ

7　主題設定の理由

（1）生徒観（今回の教材は1学年全クラスで取り扱うため，学年に対しての見取りを記す）

本学年の生徒は，一人ひとりが自身の考えを持ち，抵抗をあまり感じずに，それを発表することができる。意見を発表するように求めると，何人もの生徒が挙手をする。また，教師が指名して意見を述べるように伝えた場合，きちんと自身の意見を伝えることができる。さらに，教師の補助が必要な場合もあるが，その意見をどんなことから，どのように考えたのかという理由も述べることができる。しかし，教科によっては挙手をする生徒が限られている場合も少なくはない。そこで，道徳だからこそ，より多くの生徒から様々な意見を引き出し，他者に伝える機会を設けたいと考えている。たとえば，理由をうまく説明できない，感覚的な表現など教科の授業においては良しとされないものであっても，道徳であれば認められる発言もあるだろう。また，道徳であるからこそ，ぜひ取り入れていきたいものも多いだろう。そういった視点も提示し，伝えていきながら多くの生徒の意見を引き出し，言葉上だけでなく「生命尊重」および，「他者の意見を受容すること」の大切さを実感させたい。

他者の発表をきちんと聞き，それに対する自身の考えを深めることもできる生徒が多数在籍しているので，お互いの意見への反論をし合うのではなく，一人ひとりの考え方に触れることを通して個人の価値観や感覚の広がりを求める。そのため，個人の発表を繰り返す形で意見を共有していくが，教師と発表者のやりとりを，「多数の生徒が聞く」という形ではなく，発表者と聞き手である学級全員との相互間で意見を交流するという意識を持って授業に臨ませたい。そこで，意見発表の時はコの字型に机を配置し，互いの顔を見合って意見の共有ができるようにする。

（2）ねらいとする価値

本時は，D「主として生命や自然，崇高なものとの関わりに関すること」の中の内容項目「生命の尊さについて，その連続性や有限性なども含めて理解し，かけがえのない生命を尊重すること」を扱い，自身の考えを，根拠を持って他者に伝えると共に，他者の考えを受容した上で，自らの生命に対する考え方を深めることをねらいとする。したがって，50分の活動を通して，生徒が固定概念として持つ「生命は尊い」ということや「様々な意見を受け入れることは大切だ」ということについて改めて考え，意見を持つことを目指す。「道徳だから考える」のではなく，気づけば自ら考え，意見を深めていた時間であったと生徒が感じる50分となるよう，生徒の意見を主体としながら意見の分類や肯定の仕方にも留意しつつ，目標の達成をねらいたい。

（3）資料について

本教材はペットとして生まれた病気のハトに対して，安楽死という措置を取るか取らないかを考えるという視点で進むものである。生徒一人ひとりが，自身の考えを持つと同時に，自らの価値観とは違う考えに出会っても納得して受け入れることを目指す。

授業は，ある少年が飼っていたハトという設定を通して考える内容であるため，客観的に内容を捉えながら出来事をたどっていく。しかし，主発問ではあくまでも「自分ならどちらの選択肢をとるか」という視点で考える。そのため，客観的に捉えた内容に対する感想，ではなく，自分自身の意見として考えを持つことができるだろう。また，生徒は生命を大切にしなくてはならないということは全員が概念的に把握していることだと考えられる。だが，生命を尊重するというのは，「生命を生き長らえさせること」だけを指すのではないだろう。「生命」というものに対して自分自身が感じ，悩むこととして捉えさせ，改めて「生命尊重」の意識がしっかりと一人ひとりの中に芽生えることをねらいとする。そして，安楽死を選ぶことの是非を問うのではなく，自身が根拠を持って意見を持ち，悩みながらも選択をする過程で，それぞれの意見を尊重し，それぞれの視点について理解を深めることを求める。

今回の教材では「ハト」という鳥類の一種に焦点をあてて，話は進んでいく。生徒の意見が，単なるその動物への好き嫌いに重きを置くのではなく，内容を考え，悩んだ上で選択するために適した対象が，鳥類ではないだろうか。生徒は，ほ乳類ほどの親しさを覚えず，かつ，ペットという大切な存在であるという視点から考えを深めることができるだろう。しかし，生徒の中には鳥類を飼育した経験がある者や，トラウマを持つ者があるかもしれない。そのあたりにも配慮をし，展開を進めていく。

他者の意見を聞いたり，自身の意見を言葉で表現したりする上で，「生命は大切だ」と単純に言葉として捉えるのではなく，生命に対してどのように考え，大切にするためにはどのように行動していけばよいのか，答えが出ずとも悩み，考えるきっかけとしてもふさわしい教材であろう。

8　指導観

今回は資料の本文をパワーポイントで表示して生徒に提示する。先を読み急いだり，斜め読みをして概略を把握したりするのではなく，全員に同じ内容にきちんと目を通してほしいからである。長さもある文章なので，途中で小さな問いかけを行う。その問いかけにより，読み疲れてきた生徒ももう１度文章の内容に興味を持てるだろう。そこでの生徒の意見をその場で広げたり，理由を聞いたりすることはしない。全員の集中を，再度，文章の内容に向けたところで，後半の内容に入る。

主発問を行い，生徒に意見を持たせる場面では，それまでパワーポイントで紹介した内容を紙面にも記載して配布する。パワーポイントで１度見ただけでは細部まで理解しきれず，もう１度読み直したい，と思う生徒や，文面をたどることでしっかりと自身の意見の根拠を持つことができる生徒がいると考えるからだ。「安楽死を選ぶかどうか」という問いに対しては２択で選ばせるが，実際の発表に際しては数直線を用いて自身の意見の位置を目で見てわかるようにさせる。それにより，同じ選択肢を選んだ者の中でも，その選択肢をどう捉えているかが理解しやすい。どちらの選択肢を選ぶことも難しいと感じていながら，何とか１つの結果を出した生徒が自身の意見を言う際には，数直線で自分の立場を示しておくことで，その悩みを具体的に伝えやすくもなるだろう。また「命は大切である」という概念は共通して持っているとしても，その大切にするためにとる「方法」や「考え方」は数多くあることを視覚から訴えるためでもある。それぞれの考え方の是非を問うことはしない。ただし，はじめから数直線上で立場を示すことを伝えると，分岐点付近（原点）に生徒が集中することも考えられるため，２択で意見を選び，理由を書かせた後で，数直線のことは伝えることとする。

そして，自身の考えの振り返りも兼ねて，どうしてその意見を持ったのか分析を行う。たとえば，公平さと愛着とを天秤にかけたとき，自らはどのように取捨選択し決断したのかを考えることを通して，言葉でうまく表現できない自分の考え方を捉えさせたい。それぞれの感覚の違いを全体で共有するための発問ではないため，全体での交流はこの発問では行わないこととする。それを通して，アルファベットの選択をする段階では反対意見を持っていると感じていた相手と，自身が大切にしたいと思ったものが似通っていたり，通ずるところがあったりすることにも気づかせられればと思う。

最後に，この50分間を振り返っての気づきや考えを個々で言葉にさせる。ここでは，他者からどのように考えられるか，どう受け止められるか，ということよりも自らの「生命」に対する考え方や，選択肢を選ぶ時点と現段階での感じ方の違いなどを自己省察させることをねらうため，個々で取り組み，言葉にすることを求める。

9　本時の展開　○主なる指示，発問　＊留意点　◇支援　■評価

区分	学習活動と内容	指導上の留意点	準備物
導入5分	・ペットについて導入を行う。 ○「ペットを飼ったことがある人はどれくらいいますか？」 ○ヒトとペットの歴史を簡単に紹介する。 ○ヒトとペットの関わり方の変遷をふまえて，動物福祉の考え方を簡単に紹介する。 ・パワーポイントで本文を映しながら，資料本文を教師が音読する。 ○「みんながこの少年なら，どちらを選びますか？必ずＡかＢのどちらかを選んでください。」 ○ワークシート１に自分の考えを記入させる。 ○数直線の説明後，名前カードを貼らせる。 ○まず真ん中の分岐点に近いところから10人ほど指名し，意見を聞く。発表した理由を簡単にまとめて，白板の下方に書いていく。	＊ペットに対しての視点を広げることをねらいとして紹介するので細かなことには触れない。 ＊動物をかわいがることだけが福祉的な視点ではないという視点を与えておくための紹介資料である。 ・電気を消す ・パワーポイントを見ながら本文を聞く。 ・数直線を白板に書く。 ・Ａ＝薬殺する　Ｂ＝薬殺しない ・名前カードを前の白板に貼りに来させる。 ○コの字型に机を配置させる。 ○指名により意見を発表させる。	・パソコン ・プロジェクター ・ホワイトボード ・ペン ・ppt ・ワークシート ・名前カード

展開40分	◯その後，ＡもしくはＢの100に近い意見を持つとした生徒を交互に意見を聞いていく。 ・その後，パワーポイントを再度映し，資料の後半を音読していく。 ◯「自分がどんなことを考えて，先ほどの選択をしたか，分析してみましょう。いくつもの要素の中で，今回最優先したものは？　今回は，あきらめたものは？　どういったものがありましたか。」 ◯ワークシート２を配布し，記入させる。 ・個人でワークシート２に取り組んだ後，班の形になり，班員でワークシート２に記入した内容をふまえて意見を交流する。 ・班での意見交流が終われば，班の形を解消させ，机を前向きにする。	◯聞いている生徒は，意見をワークシート１にメモするよう指示する。 ＊それぞれの意見を理由と共に述べるが，他者への反論等はさせないようにする。 ◯机を前向きに戻させる。 ◯A，Ｂを選んだのはなぜか，分析をさせる。どのように書けばよいかまとめにくい生徒には，「平等，公平」「ハトの思い」「飼い主としての愛情」などいくつかの具体例を例示する。 ◇たとえば，公平さと愛着とを天秤にかけたとき，どのように取捨選択し決断したのかを考えることを通して，言葉でうまく表現できない自分の考え方を捉えさせたい。 ◇アルファベットの選択をする段階では反対意見を持っていると感じていた相手と，自身が大切にしたいと思ったものが似通っていたり，通ずるところがあったりすることにも気づかせたい。	・ワークシート２
終末５分	◯最後に本時の活動を通して考えたことや感じたことを　ワークシート２に記入させる。 ◯ワークシート２を回収して，号令をかける。	■自らの「生命」に対する考え方や，選択肢を選ぶ時点と現段階での感じ方の違いなどを自己省察させることをねらう。	

10　準備物　教師：ワークシート１，ワークシート２，パワーポイント，名前カード

11　評価

・理由と共に意見をワークシートに記入しているか。
・他者に自分の意見を伝えようとしているか。
・他者の意見を聞き，気づきのあったものをワークシートにメモしているか。
・本時の振り返り（感じたことや考えたこと）をワークシートに記入しているか。

12　板書計画

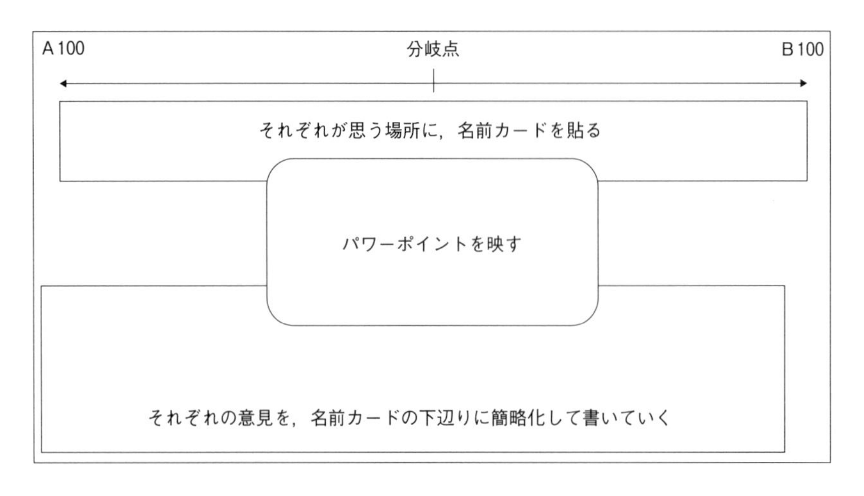

コラム

終末の方法―「オープンエンド」は「そこで終わり」ではない―

道徳科においては，答えが１つではない道徳的な課題を一人ひとりの児童生徒が自分自身の課題と捉え，向き合うことを通して，道徳性を育むことが求められると共に，数値などによる評価は行わない。だからといって，どんな答えも正解とみなす，いわゆる「オープンエンド」の終末ばかりの授業でよいのだろうか。

たとえば，学習指導要領の内容項目「公正，公平，社会正義」に関して，友だちの大切さについて考え，議論する授業を構成するとしよう。

まず小学校低学年の授業風景をイメージして欲しい。日々教室のあちらこちらでトラブルは発生するものの，授業になれば多くの子は純粋であり教師に対して従順であるから，「喧嘩をする時もあるかもしれないけど，すぐに仲直りをして男女共に，誰とも仲良く遊びます」という意見に集約されていくことは想像に難くない。経験則ではあるが，「あの子とは絶対に仲良くなりたくない」という意見が出ることは皆無である。

ところが高学年ともなると，一方で仲良くしなければという思いと，もう一方で，そうは言ってもうまくいかない相手もいるという現実から，葛藤する場面や，周りの友だちを意識して，本音（道徳的価値は大切であるが，現実世界ではなかなか実現しづらい部分）と建前（人としてよりよく生きる上で，道徳的価値は大切であることの理解）のどちらの意見を言うべきか思い悩む場面も散見されるようになる。

そこで，筆者が担任した６年生の実践事例を示そう。ある些細な喧嘩から陰口を言い合う関係にまで発展したトラブルを題材として，先述の内容を目標におき授業を行った。そこでの議論の概略は次のようになる。

Ａ：友だちは大切だと思う。一人では生きていけないと思うから。
Ｂ：そうかな。一人の方が楽な時がある。自由だから。
Ｃ：そういう時もある。でも一人は嫌かな。たしかに，どうしても合わない子がいる。低学年の頃はみんな仲良く手を繋ぎあって，という感じで良かったが，高学年になるにつれ，現実はそうではないことを実感した。でも，やっぱり友だちは欲しいし，一人は嫌かな。
Ｄ：中学年くらいまでは，先生が「お互い謝って仲直り」と言えば，そうかなとも思えた。でも，今は相手が本心から謝っているか否か，なんとなくわかるし，自分の行動を振り返っても状況的に仕方なく謝ったときもあった。
Ｅ：喧嘩の原因って，意見の食い違いから起こるときもあるけど，逆にボタンのかけ違いというか思い違いから起こることもある。だから，友だちを大切に思うなら，ちゃんと向き合って最後まで話をすることが大切だと思う。

授業内においては，上記のような議論が続き，実際「こうあるべき」というまとめもしていない。一見するとオープンエンドのような終わり方をしている。しかし，授業はそれで一応の終末を迎えたとしても，教師の指導はそこで終わりというわけではない。筆者はこの議論の中で，「私たちは今仲良くしたいと思っているけど，そうできていない現実との狭間で苦しんでいる」というメッセージを読み取った。そこで，授業後も時間を見つけては，個別でより深く思いを聞き出したり，数人のグループ内で思いを語らせたりした。

そして 2 週間くらい過ぎた頃，今回のトラブルの当事者の 1 人が，「○ちゃんとここまですれ違った期間が長かったから，すぐには戻れないと思うけど，仲直りしたい。でも，自分だけでは解決できない」と相談にやってきた。今がチャンスと判断した筆者は，立ち会うのでその思いを相手に正直に伝えることと同時に，そのことを学級全体にも話していいかと確認を取った。そして，両者が意見を伝え合った後，みんなにもその様子を語って聞かせた。

紙幅の関係で詳細は割愛せざるを得ないが，特に当事者であった 2 人からは，「とことん話すことで，勘違いしていた部分にも気づけたし，わだかまりも無くなった。もちろん，この間に支えてくれた友だちの存在も大きかった」という思いを伝えてくれた。また，同時期に行われた運動会後の感想に，別の児童が次のような感想を記した。「学年92人もいれば，合う人も合わない人もいる。だけど，今日 6 年生の組体操が成功したのは，そういった感情抜きに，みんなで 1 つのものを創りあげたいという強い気持ちがあったからだと思う。これからも，意見がぶつかり合うことはあるかもしれないけれど，92人が何でも言い合える仲間として歩んでいきたい。」

つまりこのコラムで伝えたいのは，道徳科の評価に関しては，授業後すぐに評価できる場合もあるが，できない場合の方がむしろ多いということである。そのような場合，授業を構想する段階から授業後の反応も見据えておくことが必要不可欠であり，また予想外の反応が出た場合，それをどのように引き取り，解釈し次の指導に生かしていくかが重要となる。もちろん今回の事例も，ここで示した対応が本当に妥当だったかどうかの吟味は必要であるし，今後も継続して児童の変容を見取っていくことが求められる。ここに，「教師は反省的実践家である」と言われる所以があるのだろう。

第７章
Check：授業を評価する

道徳科の評価の目的は，児童生徒の序列化ではない。評価は，個々の児童生徒の道徳性発達を教師が把握し次の教育実践の見通しを得るために，また，児童生徒自身が自分の道徳的発達の歩みを自覚するためにある。以下では，この道徳科の特性を踏まえた，児童生徒の日常を射程に入れた継続的観察（子どもの見取り方）としての評価や，授業における具体的な評価手法（「道徳ノート」）について示しておこう。

1. 継続的観察としての評価

学習指導要領における道徳科の評価に関しては，従来どおり数値などによる評価を行わない点について変わりはないが，「児童の学習状況や道徳性に係る成長の様子を継続的に把握し，指導に生かすよう努める必要がある」ことが明文化されている。このことは，１時間の授業単位ごとに評価することや，実感を伴わない状態のまま，特定の道徳的価値の押しつけや概念的な理解に終始することがないよう，また中・長期的な見通しを持った指導や見取りの重要性を示している。

たとえば，電車やバスといった公共交通機関における乗車マナーの指導，交通安全といった社会ルールに関しては，まずは授業内でしっかりと押さえきることが大切である。ただし，こういったマナーやルールを身に付けさせるだけの指導に留まることなく，その学習を通して，他者と共によりよく生きるための基盤となる道徳性を育むことが真の目的であり，児童の変容をしっかりと記録をとりつつ蓄積し，そして更なる指導へつなげていくことが求められている。つまり道徳科において，教師は授業時間内における短期的な変容だけを捉えるのではなく，その後の児童生徒の変容についても注意深く観察し，状況によっては，新たな教材の提示や指導方法の再考が求められる。

以下，学級の実態として，休み時間の遊び方に課題があるという前提で，「自由とは何だろう」というテーマで小学校中学年を対象とした授業を行ったとき，実際に児童がどのような思考過程を経て変容したかを紹介しよう。この事例では，授業中の発言内容と授業後に書かせた感想をもとに児童の変容を捉えている。

導入段階で，「自由のイメージとはどんなものか」を問う。すると，児童からは，「開放的」「自分のやりたいようにできること」などといった意見が出た。

まず展開前半では，公園を利用した際起きた事象（例：ブランコや滑り台の順番を巡るトラブル）をもとにした読み物教材を用いて，公園の利用方法について考えていった。その中で，公園にはいろいろな思いを持った人がいるので，自分の自由と他の人の自由がぶつかり合ってしまうことに気づき始めた。そこで，「みんな自由に行動しているだけなのに，うまくいかないのはなぜ？　どうすればいいの？」と問うと，「一人ひとりが少しずつ我慢することが大切ではないか」「自分だけでなく，相手のことを思いやることが大切だと思う」といった意見が出る。自由だからこそ，大切にしなければならないものの存在に注目し始めたのだろう。

そして展開後半では，実際の学級の実態を見つめ直す時間をとる。「休み時間，楽しく遊べているから特に何も気にしなくてもいい」と思っていた子も，それぞれの立場からの意見を聞く中で，「けいドロ（鬼ごっこ）のときに，不公平なチーム分けをしているときがある」「タッチ返しは5秒後のはずなのに，守らずすぐにタッチしてくる」といった，他の人が嫌だと思っている意見を知ることとなる。

終末段階には，自分たちの学級の休み時間の現状を踏まえた議論を行う中で，みんなで楽しく遊ぶために大切にしたいこと，「思いやりを持つこと」「譲り合うこと」「みんなの意見を聞くこと」「優しく声をかけること」「ルールを守ること」といったキーワードがまとまり始める。そこで，担任は児童一人ひとりが今日の1時間でどのような考えに至ったのか記述させた。

○（最初，自由って良いこと，やりたいことができるからと考えていた男子児童A）自由に遊んではいいけど，相手のことを思って我慢したりする。たとえば，ドッジボールの時に少し相手に合わせたボールを投げたりして，みんなが楽しめるように遊ぶことが大切だと思う。

○（最初，自分の楽しさが1番で，なかなか周りまで見えないと感じていた児童B）みんなが楽しく遊ぶためには，どこで何をするかを決める。そして，もしけんかをしてしまったら，みんなの意見を聞きつつ，自分の意見も出してルールを決める。そして，1人ぼっちの人がいたら，一緒に遊ぼう，と誘う。

○（休み時間の遊び方で，悩みを抱えていた児童C）みんなが楽しく遊ぶためには，時間を決めたり譲り合いが大切だと思う。たとえば，みんなで一緒に遊ぶとき，一方は外で，もう一方は室内で遊びたいと言っているとします。そんな言い合いをしていると遊ぶ時間が減るので，最初の20分は外，後の20分は室内など時間を決め，譲り合ったらいいと思う。

このように，1時間の授業を振り返ると，話し合い活動を通し友だちの異なる考えに接するという，多面的・多角的に考え議論する対話的な学びは組み込めたように思われる。ただここで出てきた感想は，短期的な変容を示しただけである。少し穿った見方をすれば，教師の顔色を見つつ，こういった意見を言えばいいはずと取り繕うだけの記述だったかもしれないし，値踏みされたかもしれない。

だからこそ，道徳科の授業においては，その時間内における評価だけでなく，その後の児童の様子を継続的に観察すること（この重要性は，第6章　中学校における道徳指導案例①「乱れたスリッパ」の授業後のエピソードが証左となるだろう）が求められるのである。もちろん，それと同時に，第8章3節に示したように，子どもを見取ることには困難性も伴うため，教師自らの観察眼を鍛え続けることや，メタ的に物事を観察できる姿勢が求められるだろう。

2.「道徳ノート」と「ふりかえりワークシート」で評価する

授業を評価する目的は，授業のねらいが達成できたかどうかを児童生徒の変容を通して振り返り，成果と課題を探ることである。本時の到達点を確認して次時の出発点を決めることができる。ここでは，第５章で板書モデルを示した授業「自然と，ともに生きる」における児童の「道徳ノート」と「ふりかえりワークシート」を資料に授業の評価を試みてみたい。

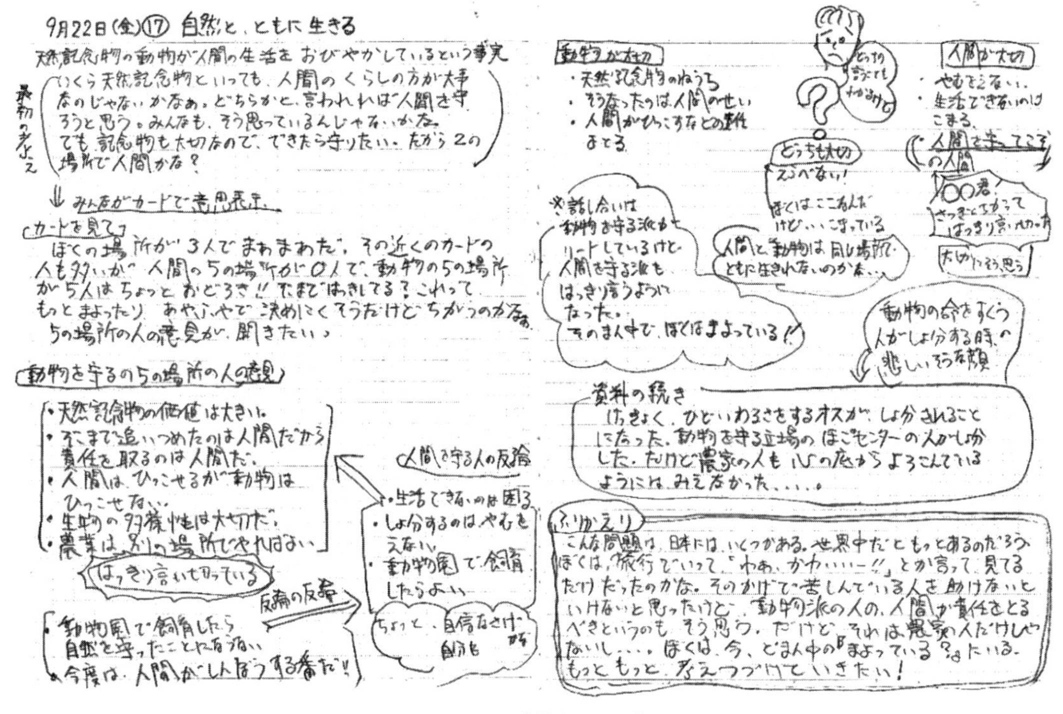

図７−１　「道徳ノート」

「道徳ノート」は，授業中に児童が必要に応じて自由に記入している。板書を写すことより自分がどう考えるのか，友達の意見をどう判断するのか，それによって自分の考えはどのように変わるのかをリアルタイムで書き，思考の変容を綴り，価値判断・意思決定に役立てようとするものである。授業の最後には振り返りを記入し，本時の到達点や次回に向けての思いなどを書くようにしている。掲載したノートからは，なんとなく人間を守るという立場にいた児童が強い思いを持つ双方の子どもの意見の影響を受け，迷っている状況がうかがわれる。その迷いを払拭し，問題解決のために考え続けようという思いも綴っている。この児童はこの問題を考える出発点に立てたと判断できる。

ふりかえりワークシート　9月22日（金）第17回　　名前「　　　　　　」

自然と、ともに生きる　わたしの価値判断・意思決定
＊多くの人の立場の立って考えてみましょう。

1．第三者としてのあなたの最初の価値判断
天然記念物は大切だけど，人間のくらしの方を守りたい。
どちらかと言われれば人間。

2．作物を荒らされる農家の人の立場での価値判断
これは，たまったものではない。はやく何とかしてほしい。
大切にしてきたけど，もうがまんできない。

3．自然公園を管理する自然保護センターの人の立場での価値判断
天然記念物を守るのが仕事なので，農家の人をなっとくさせる方法を考えないといけない。

4．市役所の人の立場での価値判断
天然記念物も，農家も守らないといけないのでつらい。天然記念物を見にくる人や，苦しんでいる農家の人の板ばさみになっている。解決には，お金もかかるし，その心配もしなくてはいけない。

5．話し合いを終えて再び第三者の立場での価値判断・意思決定
旅行者の立場で，天然記念物を見ることが楽しみだったが，そこに住む人のことを考えると，何とかしてあげたいと思う。
うまい方法は本当にないのだろうか。

6．今回の学習のふりかえり
動物をつかまえて，飼育したらいいとかで，何とかなる問題ではなかった。いろいろな立場に立ってみると，考えも変わることがわかった。これからも，いろいろな立場に立つことをしたい。

ふりかえりワークシート　9月22日（金）第17回　　名前「　　　　　　」

自然と、ともに生きる　わたしの価値判断・意思決定
＊視点を変えてこの問題を考えてみましょう。

1．天然記念物を守り育てるという「自然保護」の視点からの価値判断
天然記念物の持つ価値の大きさを主張する友だちの意見には説得力があった。日本の多くの場所で，ぜつめつしそうな生物は，守らなくてはいけないと思う。

2．住民のくらしを守るという視点からの価値判断
人間のくらしを守ってこその人間と，はっきり言い切ったのは，すごい。そこに住む人々の苦しみを考えると，なるほどと思った。

3．自然と、ともに生きる「共生」という視点からの価値判断
2つとも守れれば，いうことないけど，現実は，そうあまくはなかった。とてもむずかしい！人間のしわざだから人間が責任をとらなくては，いけないという意見は，そう思うけど…

4．3つの視点を総合的に考えた価値判断・意思決定
天然記念物も人間も守りたい。本当にうまくいく方法があるのかどうかは，わからないが，もしかして，どこかでうまく，いっている所があるのかもしれないし，調べてみたいと思う。

5．今回の学習のふりかえり
世の中には，まよったり，なやんだりすることが多いなあ。
視点をかえると，見えてくるものがちがうのが，おもしろいと感じた。

図7－2　「ふりかえりワークシート」

「ふりかえりワークシート」では，ねらいに沿って振り返りの視点を与えるとよい。図7－2の左側のワークシートは多角的な思考（多様な立場に立って考えてみる）に基づいて記入するようにしてある。被害者の立場，自然を守り育てる立場，行政の立場から考えてみることで，関心の薄かった児童は，いつの間にか観光者の立場で考えている自分に気づいている。違う立場から考えるという学習は児童に新しい気づきをもたらす。右側のワークシートは多面的な思考（内容項目に沿って事象を捉える）に基づいて記入するようにしてある。内容項目を組み合わせて総合的に考えた場合のジレンマに苦しめられていることに気づく。葛藤に悩む中で最善の解決策をさぐるために議論をし，合意形成を図り一致点を見出そうとする。

一連の板書，道徳ノート，ワークシートは，授業を評価する時に貴重な資料となる。できれば，授業の動画や場面ごとの画像も残しておきたい。また，本時で見せた特徴的な学びの姿も記録しておくとよい。授業の評価も視点を明確にして繰り返し行えば，しだいに洗練されるようになる。道徳科の授業を道徳教育の要とし，人としてみんなが幸せになれる生き方を教師は児童生徒たちと共に追求したい。

第8章
Action：授業改善のための振り返りと教師としての心構え

1. 教師の指導と子どもの主体性─授業はいかに規定されるか─

「教師」と「子ども」たちが，ある「教材」を媒介として学び合っている授業空間としての教室には，様々なジレンマが存在する。たとえば，「処理速度の違いによる時間の問題」，「一斉指導と個別指導のバランスといった集団と個を同時に扱う難しさ」などが挙げられるだろう。もちろん当然のことではあるが，教育の対象となる子どもたちは「モノ」ではなく「ヒト」であり，車などの工業製品のように，同じ手順を踏めば同様のものが完成するはずもない。教育は「順接（教え学んだから～になる）」の場合もあれば，「逆説（教え学んだけれど～になる）」，「無関係（教えていないのに～になる）」の場合も多々存在する。同じ発問をしたからといって，知識量も人格も全く同じ子どもを育てることはできない。だからこそ，教師は「授業は生きものである」と称し，指導案通りに進まないことへの恐れや苛立ちを覚えがちなのである。

これらのことを踏まえつつ，教育実習生や若手教員と授業設計のあり方や改善策の検討をしていると，国語や算数の展開を考えるよりも，道徳科の授業を構想することの方が断然難しく思うという声をよく耳にする。その理由として，「深い生徒理解につながるとは思うが，結論的な部分がバシッと決まらず不安（教師 a）」，「国語の読解との違いがわかりづらい（教師 b）」というものがよく挙がる。こういった教師の悩みとリンクするかのように，「自由な発想ができ，自身を見つめられるから楽しいが，正解がよくわからなくなってしまい自信がもてない（子ども a）」，「教材は違っているが，毎回同じような答えを出しているような気がする（子ども b）」といった思いを抱いている子どもたちもいる。

そこで，上記に象徴される課題がなぜ表出するのか，その根源について迫ってみよう。

[1] 教室における問いの特徴から

授業における教師の発問構造は特徴的で「IRE 構造」[1]をとりがちであ

1）IRE 構造とは，授業における教師の発話過程の特徴を示したもので，I（Initiative・主導）-R（Reply・応答）-E（Evaluation・評価）の頭文字をとったものである。

る。時間を聞く場面を例にしよう。

日常場面	授業場面
あなた：今，何時ですか？	教師：今，何時ですか？
通行人：10時10分です。	児童：10時10分です。
あなた：ありがとうございます！	教師：そう，正解！

上記のように，日常場面における問いかけの場合，自身は答えを知らない（持ち合わせていない）立場のため，その対応に対して感謝の気持ちを伝える。一方，授業場面では，教師は既に答えを知っている（持ち合わせている）にもかかわらず，あえて問うという点に違いを見出せる。当然，この場合は答えてくれての感謝ではなく，子どもたちの発表に対し正解か否かの評価をくだす。つまり教師は問う時点で，正確な答えを知った状態で発問しているのである。

しかしながら，特に道徳科の授業における評価（evaluation）の部分は，他の教科と同じようにいかないことが多く，教師は悩みを抱きがちとなる。なぜなら，「学級の絆を深めていくためにどうすべきか」という発問からの授業展開で，「みんなが仲良くなるために休み時間は一緒に外で遊ぼう」という結論に至ったとしても，どこかで，「教室で読書をしたい子に対しては押しつけではないか」という葛藤を生む。同様に，残食が多い現状を踏まえ，「感謝の気持ちを大切にして給食は残さず食べよう」という結論を導き出したとしても，「苦手な食べ物がある子どもにはどのような対応をすればいいのか」（教師 a）という悩みを抱えることにもなる。

このように，算数の計算問題とは違い，道徳科では1つの答えだけが正しいとは言い切れず，そうかといって多くの答えをすべて認めるとなると，それはそれで何でもありという結果になってしまい，今日の授業で何を学んだのか不明確になる危険性をはらんでいる（子ども a・b）。このような問いの構造の違いが，道徳科の授業設計段階における不安要素の1つになっていると言えるだろう。

[2] 問いの重要性―問題解決的な学習を取り入れただけの授業からの脱却―

読み物教材を使い，心情把握を通した問題解決学習を取り入れた実践によく見られる課題がある。そこでは，幾つかの発問を繰り返しながら，「ここでの登場人物はどんな思いを持っていたか」といった中心発問へと導き，子どもたちの反応を見取りながら補助発問や揺さぶる発問を続けていく。たしかに，「あなただったらどうするか」と問われれば，子どもたちは若干の葛藤を覚え悩む場面も見られる。しかしながら，国語科における物語教材の読解や，従来からある道徳授業における心情理解のような枠内で留まっている限り（教師 b），結論はほぼ決まっており（子ども b），「道徳的諸価値の理解を基に，自己を見つめ，様々な物事を多面的・多角的に考え，自己の生き方についての考えを深める学習」には，ほど遠いものになってしまう[2)]。

こういった状況を防ぐためには，子どもたちが教材の内容を日頃の生活場面に置き換え，学級内で１つの答えを導き出すのではなく，「その考え方に私は賛成・反対だな。こんな風に私は考える」と様々な意見を言える場をつくることが重要になる。たとえば，ＡとＢとで意見が分かれたとき，Ａに賛成の子どもはＡの意見を発表することだけに固執することなく，Ｂの立場を借りてＢに賛成の意見を考える。そのことで，自分の発言を省察することもでき，日頃の言動に対するギャップにも気づける可能性があるからだ。

このように，道徳科の授業では他者の意見を聞き，多様な価値観が存在することを理解した上で，自分の考えを分析し再構築していくことが重要となる。そのため教師は，授業内において葛藤や省察を引き起こせる問いの吟味が重要である。くわえて，予想される反応を考えたり，その反応をどのように判断したり解釈したりするべきか，考え悩むことが授業改善を行っていく上での１つのポイントとなる。

2）子どもたちの考えを揺さぶる問いが重要である。「赤信号の時はどうしたらいいでしょう→渡らない」「電車に乗っていた時，杖をついたお年寄と出会いました。どうすればいいでしょう？→席を譲る」入学前の子ども相手なら考えられなくもないが，小学生以上に対し，このような問いでは，揺さぶる問いにはならない。

[3] 道徳の授業設計―子ども主導か教師主導か―

いくつかの指導案を眺めると，面白い表現が散見していることに気づく。たとえば「主体的に学ばせる」という言葉などである。子どもたちが主体的に学んでいる時点で教師の支援は必要でないし，教師が学ぶように誘導した時点で主体的ではなくなるからである。これは，道徳科の授業を実践するにあたり，教師と子どものどちらに主導権を置くべきか，その曖昧さや不安定さの表れと言えるだろう。そこで，関連する実践事例をもとに考えてみよう。

ある日，ペットボトルキャップを一定個数集めると，１人分のワクチンに変換できる活動があるので，私たちの学級でも取り組みたいという提案が子どもたちから出された。日常生活に密着しており，かつ主体的に選んできた教材である。絶好の教材と考えた教師は，この話を道徳科の授業として取り上げ，賛同もすぐに得られたため，多くの議論を経ることなく，この取組に参加することを決定した。

この取組について，リサイクルの観点から考えても望ましい活動であり子どもたちからの主体的な提案である点，社会的認識を深める内容である点からも，好ましい教材であると考えられたのではないだろうか。しかしこのままでは道徳的価値を系統的・計画的に学ばせる授業にはならない。もちろん，「考え，議論する道徳授業」にもほど遠いものである。どこにそのような問題が潜んでいるか，ぜひ考えて欲しい。

今回の事例で言えば，子どもたちの発想に欠けている部分についての吟味がなされたか否かが焦点となるだろう。たとえば，キャップ 1 個を集めるために 1 本のジュースが消費されている事実をどのように考えるか，集めたキャップを洗う水道代金や郵送料を考えるとその金額を寄付する方がよいのではないか，といった多様な観点から，子どもの考えを揺さぶる問いが必要である。そういった議論の上で，この取組に参加しようと結論づければ意味をなすが，子どもの思いを尊重するだけの短絡的・恣意的な指導では，道徳性の涵養は難しく，深い学びにもつながらないだろう。

つまり，道徳科の授業において教師は教える（Teacher）という役割を担い主導権を握る場合もあるが，子どもたちの主体性を活かすために，ときに話題の進行役（Coordinator）や，議論の整理役（Facilitator）となったり，助言者（Adviser）をかってでたりなどの対応が必要となる。たとえば，「夜，左右を見ても車は来そうにない横断歩道の赤信号。ついつい渡ってしまいました。この行為をあなたはどのように考えますか」，「体の不自由な方やお年寄りに席を譲った方がよいとは思っていましたが，私は行動できませんでした。なぜ私は行動に移せなかったのでしょうか」といった問いかけが必要となる。

2. 授業空間としての教室環境―教師の恣意的な解釈を問い直す―

「学校には特有の磁場があり，私も影響を受けてしまっている」とは，ある新任教員のつぶやきである。これは，あらためて問われると理由を明確にできない状況や行為の存在を示している。

具体例を示そう。写真①を見てほしい。日付や日直の名前，配布プリントに連絡事項…。慣れ親しんだ教室空間の黒板のイメージと適合するだろう。多くの教室では，この状態で 1 日の授業が粛々と進んでいくのだが，これらの掲示がなければ，「今日の日付がわからないから不安」「日直は誰だった」と，子どもたちは戸惑い，授業における学びが阻害されてしまうのだろうか。自身のノート（黒板）のスペースを限定された状態のまま書き始めている状態に違和感を覚えないのだろうか。次に，写

写真①

写真②

真②を見て欲しい。授業前後に行われる起立・礼の挨拶場面である。この儀式とも言える行為について，多くの教師が授業を始める準備の気持ちをつくるために必要不可欠なものだという。はたしてそうなのだろうか。小学校で考えれば，ほぼ全ての学校で全教科学級担任制をとっている。そのため，児童も変わらなければ，授業を行う教師や教室環境もまた同じである。にもかかわらず，「今から１時間目の算数を始めます。お願いします」と挨拶した児童が，授業終わりには「ありがとうございました」と言い，その５分後には「これから２時間目の…」と繰り返すのである。

このように，教師は集中させたい場面で，子どもたちに身体的な緊張を求めがちである。たとえば，始業前の挨拶以外にも，「話を聞くときは姿勢を正しく，手はお膝」「手を挙げるときは，ピシッとまっすぐ」「(口に指をあて）シー。お口はチャックチャック」と枚挙に暇がない。これらは，集中を高める手段と考えられてはいるが，けっして自発的な集中を引き出すものではないだろう。逆に，勝手な行動をしないようにと緊張させ，押さえ込もうとする権威主義に陥る教師を生みかねない。

これらの行為は，集中して授業に取り組むことで学力が高まるはずという信念に支えられている。だが，「○くんの姿勢がまだです。□さんがまだ集中できていません」と，学級全体が同じ行動をとらなければダメだという信念に基づき，数分間にわたって授業が始まらなかったとしたら，最初から姿勢を整えていた子どもの気持ちはほとんど考慮されていない。確かにルーズすぎるのはよくないが，授業時間内において，車のハンドルのあそびのように，ここは力を入れるが抜くところがあってもよいという傾斜配分的な発想にはならないのだろうか。

同様に，授業内において教師の恣意的な解釈がなされる場面は散見し

写真③

ている。ペンまわし，下敷きであおぐ行為，ペンのノッキング音など，これらの行為の多くは，授業に集中できていないと見なされがちである。教師側にゆとりがあるときなら見過ごしてもらえることもあるが，指導内容と授業時間に追われているときなどは，「うるさい，集中しろ」の一言で片づけられる場面も多い。つまり，子どもたちの無意図的な行為（非言語コミュニケーション）も，ひとたび教室という授業空間に入り込むと，教育的文脈で解釈される。そして同時に，その行為は教師の見方に左右されることとなり，教師の論理が無前提に正統化されがちとなる（榊原・森脇ほか，2011）。

榊原禎宏・森脇正博ほか（2011）「授業中の『ペン回し』がもたらすもの―非言語コミュニケーションに見られる教室の非制度―」『京都教育大学教育実践研究紀要』第11号，pp.201-203.

もう１つ，言語を伴った子どもたちの行為の解釈についても，検討しておこう。そこにも子ども相手だからこそ陥りやすい教師の過ちが存在し，だからこそより丁寧さが求められることを確認したい。

まず，挙手についてである。それは教師にとって，理解度を測る１つの判断材料であり，授業を活性化させる方略の１つである。写真③のような場面をどう見るだろうか。「ハイハイ」と競い合って挙がる手。発言しようという意欲が感じられ，歓迎されるものだろう。

しかしながら，小学校低学年のうちはドシドシ挙がるような発問（「今日の天気は？」）であっても，学年が上がればわかっていても挙げない場面が出てくることは想像に難くない。ましてや高学年ともなると，友だち関係を意識してわざと挙げないという選択をする子どもも増える。たとえば低学年の状況を観察していると，子どもたちの思考はほとんどストップ状態で，ただ自分の話したいこと，知識を主張したいと，他の子どもと競い合っている状態であるというのは言い過ぎだろうか。

その証左として，一問一答のような答えではなく，それなりに自分の言葉による発言内容を聞いたときも，「同じです」と合いの手を入れている場面を想像すればよいだろう。こういった場面では，友だちの発言を聞き自分の考えと比較・分類したり，反芻したりと，批判的に思考する過程を含んでいない。そのため，ときに聞かれる「付け足し」という発言も，もはや友だちの意見に対するものではなく，教師の表情から求められている（教師が求めている）答えに向けた付け足し意見になって

榊原禎宏・森脇正博ほか（2013）「教師はなぜ授業中の挙手を好むのか―教師の思惑，子どもの都合―」『京都教育大学教育実践研究紀要』第13号，pp.225-227.

しまっている。（榊原・森脇ほか，2013）

くわえて，子どもたちの「つぶやき」を大切にする姿勢についても触れておきたい。教師生活もそれなりに長くなると，授業態度に厳しく，私語を許さない先生にも出会ってきた。たしかに集団生活を送る学校という場，数十人の子どもで構成される授業という場では必要なときもある。しかし，あまりにもそのことに神経を使いすぎると，子どものつぶやき（本音）が聞こえなくなることも事実である。「つぶやきを聞き取る」というのは，聴力の問題ではなく，子どもに向かう姿勢とも言い換えられるだろう。このことを，アイスナー（E. W. Eisner）は，仕事をしている子どもたちのさわぎと単なるさわぎとを区別できない教師は，まだ教育的鑑識眼（Educational connoisseurship）[3]の基本的レベルが発達していないと指摘している。

3）教育的鑑識眼とは，アイスナー（E. W. Eisner）によって提唱された，子どもたちが授業内で見せる活動における価値判断や意味理解を行う教師の能力の１つである。

つまり，子どもたちが授業中，お隣の友だち同士でささやきつぶやく言葉，小さな声でもじもじしながらも紡ぎ出すように表現する発言等に対し，いかに教師は心を砕き，心の声を聞き取り解釈できるかがポイントの１つでもあると言えるだろう。「大きな声で発表しなさい」という指導は，全員に聞こえるようにするために必要ではあるが，素朴な疑問やふとした考えのような，大きな声では表現しにくいことにも寄り添う必要がある。

このように，授業を行う教室空間では，教師が体格的にも年齢的にも，そして語彙力など知識量も絶対的に豊富であることを踏まえた上で，子ども相手だからこそ，より丁寧に授業を設計していくことが大切である。

教師とは，「熟慮的」で「思慮深い」決定をする専門職人なのであるから，当たり前と思っていることを問い直せる，そんな教師を目指すべきだろう。

3. 日々の子ども理解と道徳科の関係―子どもを見取ることの難しさ―

特別の教科として位置づけられた道徳科の「主体的・対話的で深い学び」とは，他者と共によりよく生きるための基盤となる道徳性を育むために，答えが１つとは限らない課題を，子どもたち一人ひとりが自身の課題として捉え，向き合う「考え，議論する道徳授業」の実践である。

そのための土台作りとして重要となることの１つに，日々の学級経営に代表される子どもたちとのやりとりが挙げられるだろう。そこで教師は，どのようなことに注意して関わり，日々起こる様々な事象を見取っているのだろうか。ここで改めて，「子どもを見取る」とはどういうことか，反省的実践家としての教師のあり様について，考えてみたい。

そこでまず，「いじめを防ぐため生徒をよく知ろう」というタイトルの京都新聞（2016年10月24日朝刊）の記事を紹介したい。投稿主である中学校の元校長先生は，法の整備だけではいじめはなくならないとした上で，一人ひとりの教師が自分の関わっている生徒の生活を知ることが重要だと主張し，「登校時や給食，清掃，朝夕の会などでよく見ていれば，生徒の異常に気づくはず」と指摘する。この論理は，学級という場で，教員と子どもは高コンテキスト状態にあるため，様子をしっかり観察さえしていれば，対象がどのような状況で，どういった気持ちかを読み取ることは可能であるという前提に基づいている。

しかしながら，たとえば，登校前に親に怒られ落ち込んでいる仕草と，返ってきたテストの点数が悪くて落ち込んでいる仕草の違いを判別できるだろうか。もちろん，すぐに次のような反論もありそうである。だからこそ教師は，「どうしたの？　なにか困っているの？」といった声かけを行い，相手の言動から理解を深めていくのだと。確かに，教師は子どもの様子や考えを見取るため，様々な方法を駆使して接近を試みる。

榊原禎宏・森脇正博ほか（2017）「教員の信念が意思決定に及ぼす影響―教員の意味世界への接近―」『京都教育大学教育実践研究紀要』第17号，pp.35-46.

ただここで注目すべきは，あくまで教師の意思決定は相手のことを考え思い描く範囲内に留まるということである。若手教員や教育実習生が子ども理解に対し困難さを抱くのは，その想定範囲が狭いからである（榊原・森脇ほか，2017）。

つまり，今，教師に求められていることは，「しっかり観察すれば見取れるはず」という発想からの脱却であり，「しっかり見取るために，視野を広げ続ける」姿勢である。そこで，次のような実話を交えた２つの事例を通して，自身の行為を踏まえつつ視野を広げ考えること（メタ認知）の重要性について触れてみたい。

事例１：ドッジボールの場面
・児童Ａは逃げ回ってばかり。ほぼ投げる機会なし。当てられたらずっと外野。
・投げるのが上手な子を中心に遊びが展開。しかし，大きなトラブルはなし。
・この様子を参観で見ていた保護者から，投げることが得意でない子にも投げる機会を与えてはどうか。上手な子だけが活躍しているように見えると意見があった。

事例２：運動会の場面
・１学年３クラスで，各色に分かれ優勝を目指して競技練習に取り組んでいる。
・個人種目は，どのクラスもほぼ互角の戦力。後は団体種目（台風の目・綱引き）の結果が勝負の分かれ目となっており，クラスごとのまとまりが求められている状況。

それぞれの事例場面において，小学校の担任として，どのような道徳科の授業展開を構想するだろうか。できれば，以下の本文を読む前に，自分ならどういった指導を行うか考えてほしい。

まず，事例１に関してである。３年生の担任だったＡ教諭は，この様子を学級の問題として取り上げた。結論としては，みんながボールを触ったり投げたりすることができるよう，ボールの渡し合いをしようというものだった。ここで注視すべき点は，逃げ回っている子や投げるのが苦手な子も投げる機会を持てるよう，得意な子がボールを渡してあげようという解決策がＡの中で決定していたことである。もちろん，教師の独断ではなく，子どもたちもその方法で納得したと回想している。だが，この学級では，数週間も経たないうちに，ドッジボールを巡ってのトラブルが続出することとなる。

想像して欲しい。ドッジボールの醍醐味の１つは，ボールを受けた瞬間に近くにいる相手を当てることである。ところが，投げていない友だちにボールを渡すことをルール化したために，ボールのやり取りをしている間にみんな遠くへ逃げてしまったのである。くわえて，ここでの決定的なミスは，逃げ回っていた子どもの思いを把握しようとしていなかった点にある。Ａは，すべての子が投げたいに決まっているという思い込みで授業を展開していたのである。後日，逃げ回っていた子は次のように語っている。「私は逃げ回ることに面白みを感じ，最後まで当たらないことでヒロインになれていた。しかし，あの道徳科の授業以降，そのポジションを失ってしまった」と。

次に，事例２に関してである。６年生の担任だったＢ教諭は，年度当初から幾つかの資料を用いて団結することの大切さを授業で考え続けた。そして，年度も半ばにさしかかったころ，運動会で優勝することになる。その日の帰りの会でＢは，日々の授業の成果と位置づけ，「みんなが団結して取り組んだ成果だ。おめでとう。これからもクラス一丸で頑張っていこう」と声をかけた。ところが，その日の放課後，数人の子どもたちが浮かない顔をしている。優勝して嬉しいはずなのになぜだろうと不思議に思いながら理由を聞くと，「優勝したことは嬉しいけれど，今日は１年で１番辛い日かもしれない」という答えが返ってきた。一瞬何を言っているのか判断に困ったものの，続けた子どもの言葉でハッとすることになる。「いつもは一緒に帰っている友だち（他クラス）と今日は何だか気まずくて帰れない」と。

第１節でも述べたように，授業において対象となる子どもたちは，モノではなくヒトである。だからこそ，教師は子どもたちが何を考え，どのように感じているか，様々な角度から分析する力を求められている。ある出来事も，どの方向から見るかによって解釈が変わってくるので，細心の注意が必要である。

また，教師の恣意的な判断は，ときに大きな問題として自身の学級経営に影響を及ぼす。そのような状況を防ぐためにも，教師は子どもたちとラポール（心理的融和）を築きつつ，教材や問いの吟味を重ねることが重要であり，自身の言動を冷静にメタ認知できるかが問われるのである。

つまり，道徳科の授業を実施していくにあたり，「～すべき」「こうしたらよい」と指示を出すのではなく，ねらいとして伝えたい価値観を持った上で，「どうしたらいいだろうか」と問いを発し，子どもたちに悩ませ考えさせる場を創ることを醍醐味として，今日子どもたちと導き出した結論が，正しかったたか，本当にこれでよかったのかと，自問自答できるような授業を目指したいものである。

第9章
道徳教育の現代化

1. グローバルな道徳教育

[1] グローバリゼーションと教育

グローバリゼーションとは　グローバリゼーションという言葉は多義的だが，ここでは「ヒト・モノ・カネ・情報が，地球規模かつ高速で流通・接続するようになる現象」と捉えておきたい。古くは大航海時代に始まるこの現象は，インターネットなどテクノロジーの進歩によって加速し，従来は国境によって区切られていたわたしたちの生活を根本的に変えつつある。

それは当然，教育の世界も変えつつある。象徴的なのが，PISA や TIMSS などに代表される国際学力調査や，それと連動した国際的なコンピテンシー志向の強まりである。日本では「資質・能力」と表現される後者の志向の背景には，グローバリゼーションがもたらす新しい問題を自分で考え解決する力（問題解決能力）や，グローバリゼーションの一側面としての知識基盤社会において新しい知識を創造できる力，また多様な文化的背景を持つ人々と共同する力などといったものが，求められているということがある。

教室のグローバリゼーション　ところで，日本社会においてグローバリゼーションと教育という主題で議論する場合，まだまだそのイメージは，日本社会とそれを取り巻くグローバル社会，という段階にあるように思われる。グローバル教育といえば，「日本人が，日本人として，堪能な英語を用いて，外国で外国人を相手にビジネスができるようになるための教育」という発想になりがちである。いきおい，日本でグローバル教育といえば，英語教育が中心となる。

しかしグローバリゼーションという現象の意味するところは，むしろ日本社会の，なかんずく，地域の学校や教室のグローバリゼーションとも言いうるものである。実際，日本政府が公表しているデータによれば，公立学校（小学校，中学校，高等学校，義務教育学校，中等教育学校，特別支援学校）に在籍している外国籍の児童生徒数は約８万人，日本語指導が必要な外国籍の児童生徒数は約3万4千人，日本語指導が必要な日本国籍の児童生徒数は約9千人である[1]。これらの児童生徒たちの多くは「外国にルーツを持つ子ども」（国籍にかかわらず，両親の両方またはどちらかが外国出身者である子ども）だと考えられる。割合で考えた場合には地域差が非常に大きいが，たとえば東京都豊島区池袋では，全人口に占める外国人住民比率が15％を超えるところもある。そのような地域では，地域の学校に占める外国にルーツを持つ子どもたちの割合も大きいと考えられる[2]。

要するに教育のグローバリゼーションとは，「グローバル経済で勝ち抜けるグローバルエリートの養成」が教育課題となることであると同時に（あるいはそれ以上に），多様なルーツや文化的背景を持つ児童生徒の増加によって地域の学校が変わり，既存の教育の再考が求められるようになるという現在進行形の現実（教室のグローバリゼーション）を指しているのである。そして，基本的には日本人の子どもという同質的な集団を対象とすることを前提に運営されてきた日本の学校教育[3]は，この世界的潮流のなかで，決して小さくない変化を要請される。それは道徳教育も同様である。

[2]　道徳の文化的差異

グローバリゼーションと道徳教育を考える上では，まず，道徳のあり方そのものが，文化や社会によって異なるという事実を踏まえておく必要がある。たとえば，道徳科の内容項目にも登場する，生命や自然を大切にするということについて考えてみよう。

杉田（2009）によれば，ペットの安楽死の賛否については，日本人とオーストラリア人で大きな違いがある。「獣医師から不治のケガや病気にかかっているペットの安楽死を提案された場合，飼い主はそれに従ったほうがいい」という意見に対して，日本人とオーストラリア人の大学生に，「そう思う（a）」「どちらかというとそう思う（b）」「どちらかというとそう思わない（c）」「そう思わない（d）」の選択肢から1つを選ぶという調査で，日本人の大学生はbとcに集中しつつcの方がやや多いという結果（bが31.6％，cが39.5％）を示した。他方オーストラリア人の大学生はaの回答が47.8％，bが40.2％であった[4]。

この事例から考える限り，日本人はどちらかと言えば安楽死を避けた方がペットの命を大切にしていると考えるのに対して，オーストラリア人は飼い主の責任として安楽死を選択することの方が重要と考えていると推測される。後者には，延命させた際の苦痛を感じさせない方がよいという判断もあるように思われる。要するに，同じ「自然や命を大切に

1）文部科学省（2016）「日本語指導が必要な児童生徒の受入状況等に関する調査」

2）佐久間孝正（2015）『多国籍化する日本の学校―教育グローバル化の衝撃―』勁草書房

3）ただしこのことは，以前の日本の学校は文化的に同質な「日本人」の子どもで完全に占められていたということではない。むしろ現在の状況は，以前から存在していた潜在的な文化的多様性が可視化されつつあると理解した方が正確だろう。

4）杉田陽出（2009）「不治の病にかかったペットは安楽死させるべきか？―JGSS-2006に見る日本人のペットの安楽死観―」大阪商業大学編『日本版総合的社会調査共同研究拠点研究論文集』

する」ということであっても，そこに言う「大切にする」ということの中身は，文化や社会によって異なりうる，ということである。もちろんサンプル数の限られたこの調査を極端に一般化することはできないが，ともあれ，このような文化的に相対的な道徳的価値という側面を，道徳科ではどのように扱えばよいのだろうか。

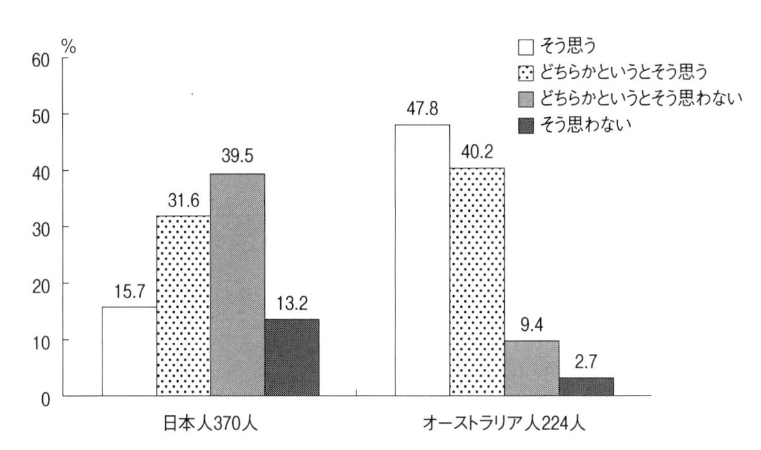

図９−１　日豪大学生のペットの安楽死に関する賛否（杉田，2009より一部改変）

[3] グローバルな道徳科への挑戦

グローバルな道徳科　少なくとも，たとえば「どちらかと言えば安楽死はしない方がよい」という「日本的」判断へと，外国にルーツを持つ児童生徒を含めたクラス全体を誘導していくのは，グローバルな道徳教育とは言えない。それは単に，日本社会においてたまたま多数派であるような価値判断を押しつけているに過ぎないからである。

もっとも，グローバリゼーションを意識するかどうかにかかわらず，そのような価値の押しつけが避けられるべきであることは，そもそも道徳科の基本原則であった（第３，４章を参照）。さらに言えば，道徳科の学習の基本原則の１つが，「物事を多面的・多角的に」考えることにあった点を踏まえれば，異なる文化的背景を持つ児童生徒の異なる意見はむしろ，それらが互いにつき合わされることによって，お互いの道徳性をより豊かでしなやかにしていけるような，言わば道徳教育の貴重な「資源」であると言うことができる。

そして，この「資源」を活用した授業，すなわち，「自然や命を大切にする」とはどういうことか，「大切にする」その仕方をめぐる「考え，議論する」授業は，むしろ新しい道徳科の理想と重なっているとさえ言える。また，「自然や命は大切にすべき」というあたり前の事実をただ教室で確認するだけといった，しばしば見受けられる授業に比べ，はるかに知的な刺激の多い面白い授業を期待できるように思われる。つまり道徳科のグローバル化は，それ自体が道徳科の本来のあり方をより深化・具体化させるために有効な，授業改善の方法的視角でもあると言える。

発展的な内容項目　とはいえ，教室のグローバリゼーションを道徳科の改善の契機とするのは，簡単ではない。すくなくともそのためには，いくつか考えておかなければならない課題が存在する。

たとえば道徳科で設定された内容項目には，「(18) 他国の人々や文化について理解し，日本人としての自覚をもって国際親善に努めること」(小学校第5学年及び第6学年)，「(17) 優れた伝統の継承と新しい文化の創造に貢献するとともに，日本人としての自覚をもって国を愛し，国家及び社会の形成者として，その発展に努めること」(中学校)，「(18) 世界の中の日本人としての自覚をもち，他国を尊重し，国際的視野に立って，世界の平和と人類の発展に寄与すること」(中学校) というものがある。「(世界の中の) 日本人としての自覚」という文言の強調は，同質的な「日本人の子ども」によってのみ構成された教室を前提しているように思われるが，これは教室のグローバリゼーションの現実に逆行している。この内容項目を不用意に扱うことで多様な文化的背景を持つ児童生徒の存在を置き去りにしてしまうことのないよう，慎重な工夫が必要である。

グローバルな道徳科教材　このことは教材のレベルでも同様である。内容項目に先のようなものがある関係上，道徳科教科書にも，世界で活躍している日本人を紹介するという趣旨のものが少なくない。しかし，多様な文化的背景・ルーツを持つ児童生徒のいるクラスにおいて強調されるべきは，いかに日本人が世界で活躍しているかのみではなく，多様な人々が国境を超えてつながり，共通の課題に対して共同して対処しようとしているという事実なのではないか。そうした観点から，多様な副教材を積極的に組み込んでいくなどの工夫が，道徳科には必要である。多様な文化的背景・ルーツを持つ子どもを含めた，教室にいるすべての児童生徒が，自分が主人公だと感じられる授業づくりが，求められている。

2. 人権教育と道徳教育

[1] 人権教育とは

1995年の「人権教育のための国連10年」を契機として，それまで同和問題を中心に展開されてきた同和教育を継承しつつ，様々な人権課題をも含めて再編した教育が人権教育である。2002年人権教育・啓発推進法が制定された後，国および地方公共団体は「人権教育に関する基本計画」を策定し，学校・地域等における人権教育の推進を図ってきた。

人権教育は，「人権についての学習」と受け取られているが，それだけではない。人権教育には4側面がある。すなわち，①学校で教育を受けること自体（人権としての教育），②いじめなどがなく，人権が尊重されていること（人権を通じた教育），③人権についての学習，④人権を実現するためのコミュニケーション能力や情報判断力（人権のための教育）である。したがって，安全・安心な環境のもと豊かな人間関係を育む学級経営や生徒指導とともに，互いの良さや可能性が発揮されるような授業を通して学校全体で取り組む実践が人権教育であると言える。

人権教育の目標は「自分の大切さとともに他の人の大切さを認めること」であり，その目標のために人権に関する知的理解と人権感覚を育成する。それを図示すると図9－2[5]のようになる。

5）図9－2　人権教育の指導方法等に関する調査研究会議「人権教育の指導方法等の在り方について（第三次とりまとめ）」（2008）より，一部省略したもの。

他者の人権を尊重するためには，まず「自分の大切さ」を実感し，自分とは違う他者にもその大切さがあることを認めることが必要である。現在人権教育で実践されていることは，「自尊感情の育成」「コミュニケーション技能」「多様性に対する肯定的態度」「他者への共感力」が多い。それらを踏まえて，人権そのものに関する知的理解や現代的課題を学び，すべての子どもが人権尊重の社会を実現できるような資質・能力を育成することが目指されている。

[2] 人権教育と道徳教育との関係

歴史的経過　人権教育の前史にあたる同和教育は同和問題の解決を目指している。同和問題とは「日本国民の一部の集団が経済的・社会的・文化的に低位な状態におかれ，現代社会においても，なおいちじるしく基本的人権を侵害され，とくに近代社会において何人にも保障されている市民的権利と自由を完全に保障されていない」[6]問題である。現在も解決していない状況を踏まえ，2016年部落差別解消法が制定されている。

6）「同和対策審議会答申」（1965）

この同和教育と道徳教育は鋭く対立してきた歴史的経過がある。1958年「道徳の時間」が特設された際，同和教育実践者は同和地区の子ども

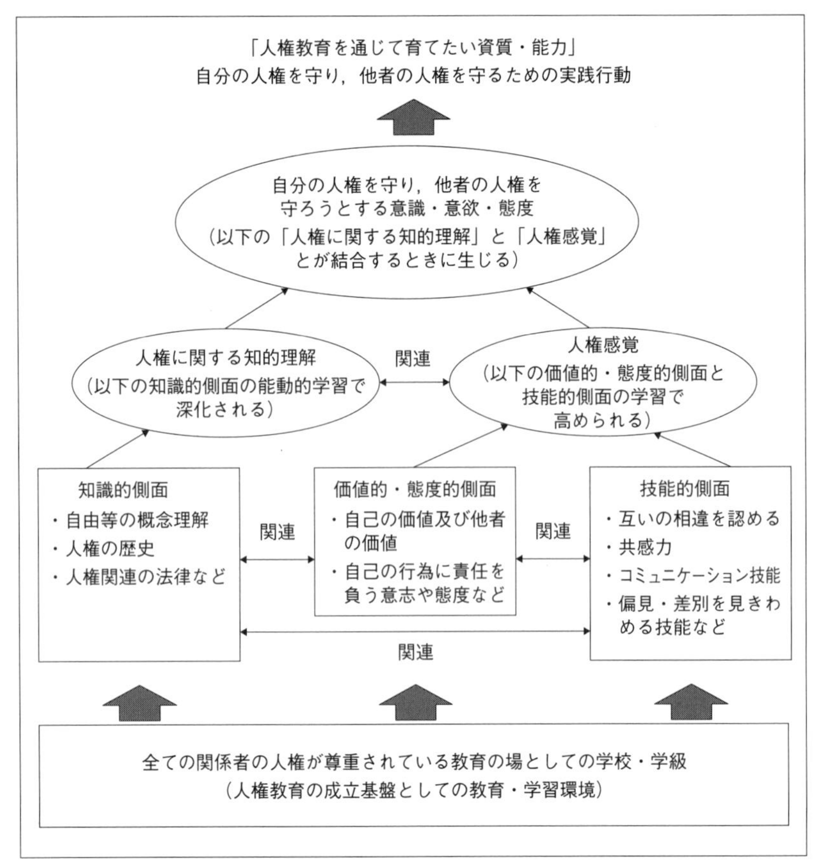

図9－2　人権教育を通じて育てたい資質・能力（一部省略）

たちや地域の実態を無視した「官製道徳」であると厳しく批判し，反対運動を展開した。その後，同和教育の盛んな地方においては「人権道徳」と言われる独特の教育内容が模索された。同和教育が人権教育に再編された後は，人権教育・啓発推進法に基づいて多くの都道府県教育委員会では人権教育に関する教材開発をし，人権教育を推進してきた。

親和性と相違点　こうした歴史的経過もあって，人権教育は小学校の場合，「総合的な学習の時間」「特別活動の時間」の次に，「道徳の時間」を活用して実施されている。「自立した人間として他者とともによりよく生きるための基盤となる道徳性を養う」という道徳教育の目標は，「自分の大切さとともに他の人の大切さを認め」，自立と共生を目指している人権教育と抽象的な次元で酷似している。

しかし，もちろん相違点についても考慮する必要がある。なぜなら，道徳教育は倫理学，人権教育は法学がその背景としてあるからで，道徳は自己を律する（縛る）ためのものであり，人権は個人の人権を侵さない，守るために国家を律する（縛る）ものだからである。さらに言えば，道徳は普遍的価値のようにみえるが，実は多義的・多様であり，歴史的にあるいは社会文化的に変化している。それに対して人権は近代民主主義国家において当然とされている価値であり，社会の発展とともに充実させていく価値であると言えよう。こうした親和性と相違点を踏まえて，「道徳科」において人権教育の視点を取り入れることが求められている。

[3] 人権教育の視点を取り入れた「道徳科」

子どもの実態の捉え方　道徳教育において「個々人としての特性等から捉えられる個人差に配慮することも重要」であり，児童生徒の実態を把握して指導内容・指導方法を決定することが大切であることが強調されている。

これに関わって，人権教育の視点では2点だけ指摘しておきたい。

小学校「道徳科」の内容項目において「家族愛，家庭生活の充実」がある。これについて小学校学習指導要領解説では「多様な家族構成や家庭状況があることを踏まえ，十分な配慮を欠かさないようにすること」と留意事項が記されているものの，内容としては「標準家族」を前提にしていることは自明である。また，「伝統と文化の尊重，国や郷土を愛する態度」の項目は日本籍，日本にルーツのある子を前提にしているが，現実の日本は多国籍多文化社会になっている。外国にルーツがある子がいる学校でどのように実施するかは，国際理解教育や多様性教育の実践から学ばなければならないだろう。

人権教育は一人ひとりの子どもを大切にすることを目指しているが，その焦点は「マイノリティの子どもたち」である。教師が同じように扱っていると確実に取り残されてしまう子どもに配慮すること，集団づくりにおいてマイノリティの子どもがアイデンティティを保てること（違いを尊重した仲間作り）を目指してきたのが人権教育である。そうした視点で道徳科の「内容項目」や教材を検討することが必要である。

内容項目との関連　道徳教育と人権教育のめざすべき価値項目が抽象的な次元において酷似していることから，内容項目の「主として自分自身に関すること」，「主として人との関わりに関すること」，特に「主として集団や社会の関わりに関すること」において，人権教育と重なり合う部分は多い。しかし，相違点も考える必要がある。

たとえば，中学校の「遵法精神・公徳心」では，法や決まりの意義を理解し，「自他の権利を大切にし，義務を果たして」とされているが，権利と基本的人権を混同してはならない。また遵法精神は大切だが，法の基盤は日本国憲法であり，人権の視点で法の意味を考えさせる必要がある。

さらにもっとも人権教育との関連が深い項目「公平・公正・社会正義」については，人権教育の教材を利用したり，内容を検討したりする必要がある。小学校の道徳科において「誰に対しても差別をすることや偏見を持つこと」がない態度の育成が求められている。「差別をしない」ことをお説教のように価値として押しつけるのではなく，差別を受ける側の痛みや悲しさを心情的に理解させ，差別のない社会の実現に向けて人々が協働していく態度の育成が求められており，これは人権教育と重なる部分が大きい。

アメリカの人権教育プログラムである「多様性教育」では，自分の大切さを実感させ，他の人との違いを尊重し，区別と差別の違いを理解させ，差別を見抜くための共通概念を学び，解決のための行動力育成を内容としている[7]。このような内外の人権教育の事例を参考にして，様々な道徳科の展開が可能となるだろう。

7）森実・大阪多様性教育ネットワーク（2005）『多様性教育入門』解放出版社など多くの出版物がある。

一方，現在においても「公平・公正」に関わっては「形式的平等・実質的平等」といったマイノリティへの政策に関して議論が絶えないテーマもある。また，「差別をしないこと」は差別をする側の道徳性であるが，被差別者にとっては公平・公正は自らの人権の実現であり，「差別を見逃さないこと」が求められている。様々な意見や様々な立場の子どもたちがいることを踏まえ，多角的に考えさせ，問題解決的な学習方法を取り入れた道徳科の実践が求められている。

人権教育指導資料や地域教材の活用　人権教育・啓発推進法に基づき，都道府県教育委員会は小・中・高校むけの教材集や指導資料を作成してきた。教育現場では，社会正義の実現のため自らの弱さと葛藤しながら水平社創立にかかわった西光万吉（さいこうまんきち）の伝記なども活用されてきた[8]。これのみならず歴史的教材として編集されたもののなかには，生き方を考える教材として活用できるものが多い。また，市町村教育委員会ではより身近な地域教材を作成している場合もあり，それらも道徳科の視点から活用できるだろう。

8）たとえば京都府教育委員会（2005）『人権学習資料集〈小学校編Ⅲ〉』に教材が掲載されている（pp.78–83）。

また，法務省のホームページで公開されている中学生人権作文コンクールの優秀作品は，日常生活での様々な人権に関わる意見や葛藤が表現されており，話合いの教材として道徳科でも活用しやすい。

このように，人権教育における教材は視聴覚教材も含め，かなりの蓄積がある。それらを道徳科の視点から吟味して活用を図り，逆に道徳科の資料をクラスの子どもたちの実態から吟味することで，よりよい道徳科の教材開発をしていく必要があるだろう。

3. 特別支援教育と道徳教育

小学校学習指導要領総則（2017）に，「第４　児童の発達の支援」が新たに設けられた[9]。そこでは「教師と児童との信頼関係及び児童相互のよりよい人間関係を育てる」ことや「指導方法や指導体制の工夫改善により，個に応じた指導の充実を図る」ことなどが記された。とりわけ，「２　特別な配慮を必要とする児童への指導」の中で「障害のある児童などへの指導」では，「個々の児童の障害の状態等に応じた指導内容や指導方法の工夫を組織的かつ計画的に行う」ことや，通級による指導では「自立活動[10]の内容を参考とし，具体的な目標や内容を定め，指導を行う」こと，「各教科等と通級による指導との関連を図るなど，教師間の連携に努める」こと，「個別の教育支援計画や個別の指導計画を作成し，効果的に活用する」ことなどが示された。

9）幼稚園教育要領（2017）総則では「第５　特別な配慮を必要とする幼児への指導」として，中学校学習指導要領（2017）総則では「第４　生徒の発達の支援」として新たに設けられた。

10）特別支援学校小学部・中学部学習指導要領の第７章に示されている。本節の注17も参照のこと。

この節では，「知的障害」，「自閉スペクトラム症」，「ADHD（注意欠如多動症」と道徳教育との関連，そして，2018年から高等学校にも通級指導教室が設置されることから，「自立活動」と道徳教育との関連について説明する。

[1] 知的障害児と道徳教育

特別支援学校の対象は，視覚障害，聴覚障害，知的障害，肢体不自由，病弱・身体虚弱の５障害に区分される（文部科学省，2016)。さらに，特別支援学級は，上記の５障害に加え，言語障害，自閉症・情緒障害の７種類の学級が設置されている（文部科学省，2013)。

文部科学省（2016）「高等学校における通級による指導の制度化及び充実方策について」（高等学校における特別支援教育の推進に関する調査研究協力者会議報告）

文部科学省（2013）『教育支援資料』

知的障害以外は，自立活動を取り入れた「特別の教育課程」を編成することができるが，小・中学校等の学習指導要領に準じた学習（原則として同一）を行うこととなっている。

知的障害児を対象とする学校・学級では，知的発達の状態が未分化であるという理由から，総合的な活動を通しての学びが取り入れられてきたという経緯がある。すなわち，知的障害教育独自の指導の形態である「各教科等の全部又は一部，道徳，特別活動，自立活動などの領域を合わせた指導（「領域・教科を合わせた指導」）」[11]を行うことができるので，知的障害児の道徳教育では，以下の２つを行うことができる。

11）「遊びの指導（小学部のみ）」，「日常生活の指導」，「生活単元学習」，「作業学習」がある。

① カリキュラムに「道徳科」の時間を設定する。
② 「領域・教科を合わせた指導」や学校生活全般を通して道徳科の目標を達成する（「道徳科」の時間を設定しない)。

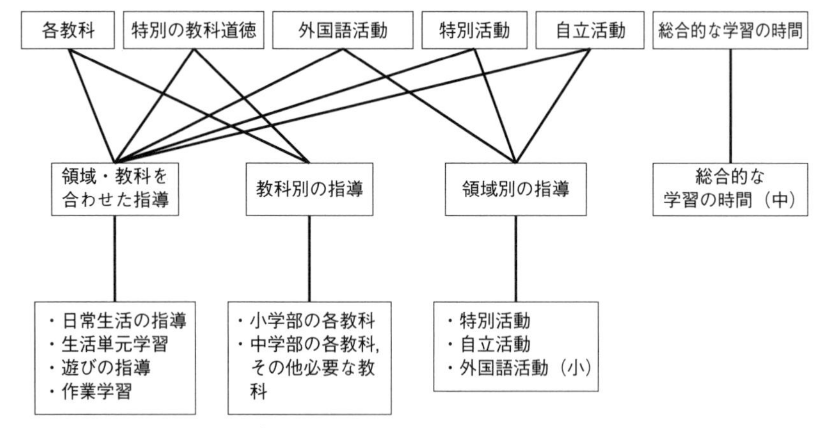

図9－3　特別支援学校（知的障害）における教育課程の構造【小学部・中学部】

（特別支援教育総合研究所，2011を相澤雅文が改変）

知的障害児を対象とした学校・学級では児童生徒の実情に合わせてどちらかを選択し教育課程の編成を行うこととなっている（図9－3）。

[2] 自閉スペクトラム症児と道徳教育

自閉スペクトラム症（Autism Spectrum Disorder：以下ASD）はバイオマーカー[12]ではなく行動特徴の定義（DMS-5[13]，ICD-10[14]など）に基づいて診断される。その中核となる特徴は，社会性・対人関係の障害が第一義とされる。すなわち，ASD児の行動特徴は，字義的な言語，他者理解・自己理解の困難，ルーチン的行動の嗜好，メタファー理解の困難などに現れる。具体的な行動例としては，こだわりからルールに従った行動ができなかったり，逆にルールを友達に厳格に守らせようとしたり，相手の気持ちを理解できないことから傷つけることを言ってしまったり，いやがる友達の後ろをついて回ったり，自分の好きな話を一方的に話し続けたりすることなどがある。いずれも他児とのトラブルの発端となりやすい。このようにASD児は，社会適応行動が知的水準より大きく下回ることが指摘されている（Klin et al., 2007）。そのため，他児との関係性の中において生活上の困難に直面しやすいのである。

典型的発達の子どもたちであれば，日常生活の中でいつの間にか獲得してしまう社会生活上のルールの獲得が難しいという側面がある。そのため社会生活のルールを具体的かつ丁寧に示していく「認知行動療法（Cognitive Behavior Therapy：CBT）」と「ソーシャルスキル・トレーニング」を合わせた支援などが試みられるようになっている（White et al., 2010）。ASD児の社会性・対人関係の障害は，早期支援によって改善が期待できることも指摘されており（Dawson et al., 2010），道徳科の果たす役割に期待される。

特別支援教育総合研究所（2011）「（3）障害に応じた教育課程　（ア）特別支援学校（知的障害）」http://www.nise.go.jp/cms/13,893,45,178.html

Klin, A., Saulnier, C.A., Sparrow, S.S., Cicchetti, D.V., Volkmar, F.R., & Lord, C., (2007) Social and communication abilities and disabilities in higher functioning individuals with autism spectrum disorders: The Vineland and the ADOS, *Journal of Autism and Developmental Disorders*, 37, pp.748-759.

White, S.W., Albano, A, M., Johnson, C.R., Kasari, C., Ollendick, T., Klin, A., Oswald, D., & Scahill. L., (2010) Development of a Cognitive-Behavioral Intervention Program to Treat Anxiety and Social Deficits in Teens with High-Functioning Autism, *Clinical Child and Family Psychology Review*, 13 (1), pp.77-90.

Dawson, G. Rogers, S. Munson, J. Smith, M. Winter, J. et al., (2010) Randomized, controlled trial of an intervention for toddlers with autism : The Early Start Denver Model, *Pediatrics,* 125, e17-23.

12）人の身体の状態を客観的に測定し評価するための指標。生化学検査，血液検査，腫瘍マーカー，CTスキャン，MRI，PETなどの画像診断データなどがある。

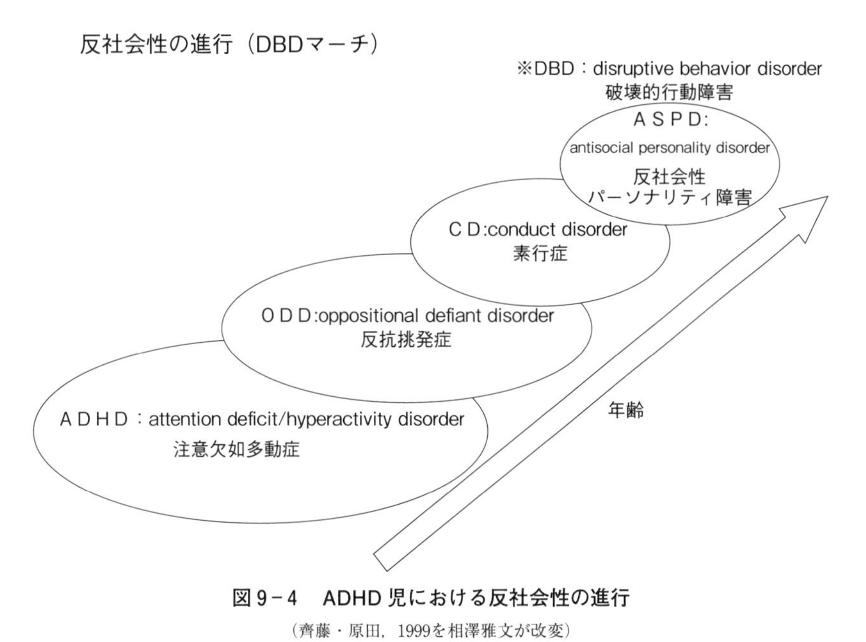

図9－4　ADHD児における反社会性の進行

（齊藤・原田，1999を相澤雅文が改変）

小学校学習指導要領解説「特別の教科　道徳編」第３節２－(2)に「道徳科は，各教科，外国語活動，総合的な学習の時間及び特別活動など学校の教育活動全体を通じて行われる道徳教育の要」と記されている。ASD児の特性を鑑みると，抽象的な概念論にとどまらず，日常生活の具体的な場面やロールプレイなどの手法を取り入れ，実体験を通して道徳的行為の理解と習得を進めることが大切と考えられる。また，他児との関係性の中で生活上の困難が生まれることから，他児への理解をどのように進めていくのかということも課題となろう。

[3] ADHD（注意欠如多動症）児と道徳教育

ADHD[15]児は，年齢や発達段階に釣り合わない不注意さや衝動性，多動性を特性とする。具体的な行動例としては，忘れ物が多い，気が散りやすく集中力が続かない，落ち着きがなく授業中立ち歩く，衝動性が抑えられずささいなことで手や大声を出す，などがあげられる。そのため，日常生活や学習活動に支障が生じやすい。また，周囲から乱暴な子，反抗的な子として受け止められやすい。

ADHD児は，その多動性や衝動性のため，よく注意を受けたり叱られたりする。一時的には行動が補正されるものの，短期間の改善は難しい。度重なる叱責などにより，大人に対する信頼感を失い，感情や行動のコントロールがますます難しくなっていく（Patterson, 1987）。図9－4[16]はADHD児が周囲からの叱責や失敗経験の積み重ねによって，二次障害が進行していく様子を示したものである（齊藤・原田，1999）。

13）DSM（Diagnostic and Statistical Manual of Mental Disorders：精神疾患の統計・診断マニュアル）は，アメリカ精神医学会（APA）が作成。DSM−5は2013年に出版された。

14）ICD（International Statistical Classification of Diseases and Related Health Problems：疾病及び関連保健問題の国際統計分類）は，世界保健機関（WHO）によって公表された分類。ICD−10は1990年の第43回世界保健総会で採択された。現在のものは2007年版として改定されたもの。

齊藤万比古・原田謙（1999）「反抗挑戦性障害」『精神科治療学』，14，pp. 153−159.

15）Attention-Deficit/Hyperactivity Disorder

Patterson, G. R.，大淵憲一（訳）（1987）『家族変容の技法をまなぶ：入門：親と子どものための社会的学習理論』川島書店

16）図9−4にある，ADHD，ODD，CD，ASPDなどの障害が，個人の成長発達の中で，連続的・階層的な関係を持つことを「DBDマーチ」と呼んでいる。

保護者に，ADHD児の理解と対応を教授するための方法として，ペアレント・トレーニングがある（岩坂，2012）。ペアレント・トレーニングは，子どもたちが望ましい行動を身に着けるための大人の関わりについて教示する。ペアレント・トレーニングの教師版が，ティーチャー・トレーニングである。両トレーニングで大切とされていることは，子どもの望ましい行動を見取り，認めることを通して信頼できる関係性や子どものセルフエスティーム（自己有用感）を育むことである。

岩坂英巳（2012）『困っている子をほめて育てる　ペアレントトレーニングガイドブック』じほう

小学校学習指導要領解説「特別の教科　道徳編」第3節1-(2)には第三として，「学校の全ての教職員が各学級や一人一人の児童に関心をもち，学校全体で児童の道徳性を養おうとする意識をもつようになること」とされている。教職員がADHD児の行動特徴，対応の工夫，そして学校の雰囲気づくりを含めての共通理解を図り，道徳科の目標に迫ることが大切である。

[4] 自立活動と道徳教育

通常の学級に在籍するASDやADHDの児童生徒は，学校の状況にもよるが，希望があれば通級指導教室[17]の対象となる。小学校学習指導要領　総則　第4-2-(1)では「通級による指導を行い，特別の教育課程を編成する場合には，特別支援学校小学部・中学部学習指導要領　第7章に示す自立活動[18]の内容を参考とし，具体的な目標や内容を定め，指導を行うもの」としている。また，「その際，効果的な指導が行われるよう，各教科等と通級による指導との関連を図るなど，教師間の連携に努めるもの」ともしている。

自立活動の内容は「1.健康の保持」「2.心理的な安定」「3.人間関係の形成」「4.環境の把握」「5.身体の動き」「6.コミュニケーション」の6区分と，その下位に27項目がある。下位項目には，「集団への参加の基礎となること」や「他者とのかかわりの基礎に関すること」「自己の理解と行動の調整に関すること」「状況に応じたコミュニケーションに関すること」などがある。発達障害等の児童生徒にとっては，道徳科の学習と関連づけていくことがことさら必要となろう。自立活動の内容は，通常の学級担任にとっては，なじみのないものである。しかし，通常の学級に在籍する，「気になる」児童生徒の理解及び支援の糸口ともなることから，自立活動の内容を把握し，児童の支援等に活用していくことがこれからは一層大切なことになると考えられる。

17）小学校又は中学校の通常の学級に在籍している軽度の障害のある児童生徒に対して，主として各教科等の指導を通常の学級で行いながら，障害に応じた「自立活動」などの指導を特別の指導の場で行う指導形態。（学校教育法施行規則第140条及び同施行規則第141条）※2018年度からは高等学校でも開始される。

18）特別支援学校学習指導要領の自立活動の目標は「個々の児童又は生徒が自立を目指し，障害による学習上又は生活上の困難を主体的に改善・克服するために必要な知識，技能，態度及び習慣を養い，もって心身の調和的発達の基盤を培う」である。

おわりに　本書の刊行に至るまで

本書は，大学にて道徳教育を学び始めた学生や，これから授業を行う初任期の教員を対象として，道徳教育の要点を学び，実際に学校にて道徳科の授業を行う際に必要な力量を育成することを目的として企画されたものである。

大学での道徳教育に関するテキストは多くあるが，本書の特色としては，以下の４点を挙げることができる。類書を見る限り，何点かに対応したテキストはあるが，この４点すべてに対応したものはいまだないと言えるであろう。

①道徳の教科化と新しい学習指導要領（平成29年３月）に対応
②道徳理論，教育史，教育心理学，人権教育や特別支援教育などに対応
③授業実践での PDCA を意識し，発達段階に即した指導案を例示
④道徳の理論及び指導法に関する教職課程コアカリキュラムに対応

道徳の教科化は学校教育における大きな転換点である。そのため，大学生向けの道徳教育の既刊書を再構築しているテキストも見受けられるが，それだけでは上の４点に対応することはとうていできない。大学における多様なカリキュラムに一定の方向性を持たせようとして，文部科学省は新たに教職課程コアカリキュラムを示した。これを意識しつつ，発達心理学，学習心理学，グローバル教育，人権教育，特別支援教育という今日的で重要な課題にも対応するためには，本書のように，すべてを書き下ろす必要があった。さらに重要なのは，単なるオムニバス形式ではなく，編集の基本方針と内容に全体的統一性も必要であった。

さいわい，編者の所属する京都教育大学にはそれぞれの専門家がおり，また附属学校の先生方の協力も得ることができた。限られた時間ではあったが，協議しやすい環境にあったため，一貫性のある内容でまとめることができた。本書が刊行までに至ったのは，ひとえに執筆者の皆様のご協力のおかげである。

なお，本書は平成27年度から29年度までの京都教育大学の教育研究改革・改善プロジェクトの研究成果でもある。末筆ではあるがここに謝意を表したい。

2018年３月１日　編者を代表して　相澤　伸幸

巻末資料

■資料 1　教育ニ関スル勅語（＊漢字は適宜新字体に修正した。）
朕惟フニ我カ皇祖皇宗国ヲ肇ムルコト宏遠ニ徳ヲ樹ツルコト深厚ナリ我カ臣民克ク忠ニ克ク孝ニ億兆心ヲ一ニシテ世世厥ノ美ヲ済セルハ此レ我カ国体ノ精華ニシテ教育ノ淵源亦実ニ此ニ存ス爾臣民父母ニ孝ニ兄弟ニ友ニ夫婦相和シ朋友相信シ恭倹己レヲ持シ博愛衆ニ及ホシ学ヲ修メ業ヲ習ヒ以テ智能ヲ啓発シ徳器ヲ成就シ進テ公益ヲ広メ世務ヲ開キ常ニ国憲ヲ重シ国法ニ遵ヒ一旦緩急アレハ義勇公ニ奉シ以テ天壌無窮ノ皇運ヲ扶翼スヘシ是ノ如キハ独リ朕カ忠良ノ臣民タルノミナラス又以テ爾祖先ノ遺風ヲ顕彰スルニ足ラン
斯ノ道ハ実ニ我カ皇祖皇宗ノ遺訓ニシテ子孫臣民ノ倶ニ遵守スヘキ所之ヲ古今ニ通シテ謬ラス之ヲ中外ニ施シテ悖ラス朕爾臣民ト倶ニ拳々服膺シテ咸其徳ヲ一ニセンコトヲ庶幾フ

明治二十三年十月三十日
御名　御璽

■資料 2　「学習指導要領　社会科編 I （試案）」（1947年）
一　生徒が，人間としての自覚を深めて人格を発展させるように導き，社会連帯性の意識を強めて，共同生活の進歩に貢献するとともに，礼儀正しい社会人として行動するように導くこと
二　生徒に各種の社会，すなわち家庭・学校及び種々の団体について，その構成員の役割と相互の依存関係とを理解させ，自己の地位と責任とを自覚させること
三　社会生活において事象を合理的に判断するとともに，社会の秩序や法を尊重して行動する態度を養い，更に政治的な諸問題に対して宣伝の意味を理解し，自分で種々の情報を集めて，科学的総合的な自分の考えを立て，正義・公正・寛容・友愛の精神をもって，共同の福祉を増進する関心と能力とを発展させること
（以下略）

■資料 3　内容項目表

	小学校第 1 学年及び第 2 学年（19）	小学校第 3 学年及び第 4 学年（20）
A　主として自分自身に関すること		
善悪の判断，自律，自由と責任	（1）よいことと悪いこととの区別をし，よいと思うことを進んで行うこと。	（1）正しいと判断したことは，自信をもって行うこと。
正直，誠実	（2）うそをついたりごまかしをしたりしないで，素直に伸び伸びと生活すること。	（2）過ちは素直に改め，正直に明るい心で生活すること。
節度，節制	（3）健康や安全に気を付け，物や金銭を大切にし，身の回りを整え，わがままをしないで，規則正しい生活をすること。	（3）自分でできることは自分でやり，安全に気を付け，よく考えて行動し，節度のある生活をすること。
個性の伸長	（4）自分の特徴に気付くこと。	（4）自分の特徴に気付き，長所を伸ばすこと。
希望と勇気，努力と強い意志	（5）自分のやるべき勉強や仕事をしっかり行うこと	（5）自分でやろうと決めた目標に向かって，強い意志をもち，粘り強くやり抜くこと。
真理の探究		
B　主として人との関わりに関すること		
親切，思いやり	（6）身近にいる人に温かい心で接し，親切にすること。	（6）相手のことを思いやり，進んで親切にすること。
感謝	（7）家族など日頃世話になっている人々に感謝すること。	（7）家族など生活を支えてくれている人々や現在の生活を築いてくれた高齢者に，尊敬と感謝の気持ちをもって接すること。
礼儀	（8）気持ちのよい挨拶，言葉遣い，動作などに心掛けて，明るく接すること。	（8）礼儀の大切さを知り，誰に対しても真心をもって接すること。
友情，信頼	（9）友達と仲よくし，助け合うこと。	（9）友達と互いに理解し，信頼し，助け合うこと。
相互理解，寛容		（10）自分の考えや意見を相手に伝えるとともに，相手のことを理解し，自分と異なる意見も大切にすること。
C　主として集団や社会との関わりに関すること		
規則の尊重	（10）約束やきまりを守り，みんなが使う物を大切にすること。	（11）約束や社会のきまりの意義を理解し，それらを守ること。
公正，公平，社会正義	（11）自分の好き嫌いにとらわれないで接すること。	（12）誰に対しても分け隔てをせず，公正，公平な態度で接すること。
勤労，公共の精神	（12）働くことのよさを知り，みんなのために働くこと。	（13）働くことの大切さを知り，進んでみんなのために働くこと。
家族愛，家庭生活の充実	（13）父母，祖父母を敬愛し，進んで家の手伝いなどをして，家族の役に立つこと。	（14）父母，祖父母を敬愛し，家族みんなで協力し合って楽しい家庭をつくること。
よりよい学校生活，集団生活の充実	（14）先生を敬愛し，学校の人々に親しんで，学級や学校の生活を楽しくすること。	（15）先生や学校の人々を敬愛し，みんなで協力し合って楽しい学級や学校をつくること。
伝統と文化の尊重，国や郷土を愛する態度	（15）我が国や郷土の文化と生活に親しみ，愛着をもつこと。	（16）我が国や郷土の伝統と文化を大切にし，国や郷土を愛する心をもつこと。
国際理解，国際親善	（16）他国の人々や文化に親しむこと。	（17）他国の人々や文化に親しみ，関心をもつこと。
D　主として生命や自然，崇高なものとの関わりに関すること		
生命の尊さ	（17）生きることのすばらしさを知り，生命を大切にすること。	（18）生命の尊さを知り，生命あるものを大切にすること。
自然愛護	（18）身近な自然に親しみ，動植物に優しい心で接すること。	（19）自然のすばらしさや不思議さを感じ取り，自然や動植物を大切にすること。
感動，畏敬の念	（19）美しいものに触れ，すがすがしい心をもつこと。	（20）美しいものや気高いものに感動する心をもつこと。
よりよく生きる喜び		

<table>
<tr><th>小学校第５学年及び第６学年（22）</th><th>中学校（22）</th><th></th></tr>
<tr><td colspan="3">A　主として自分自身に関すること</td></tr>
<tr><td>（１）自由を大切にし，自律的に判断し，責任のある行動をすること。</td><td rowspan="2">（１）自律の精神を重んじ，自主的に考え，判断し，誠実に実行してその結果に責任をもつこと。</td><td rowspan="2">自主，自律，
自由と責任</td></tr>
<tr><td>（２）誠実に，明るい心で生活すること。</td></tr>
<tr><td>（３）安全に気を付けることや，生活習慣の大切さについて理解し，自分の生活を見直し，節度を守り節制に心掛けること。</td><td>（２）望ましい生活習慣を身に付け，心身の健康の増進を図り，節度を守り節制に心掛け，安全で調和のある生活をすること。</td><td>節度，節制</td></tr>
<tr><td>（４）自分の特徴を知って，短所を改め長所を伸ばすこと。</td><td>（３）自己を見つめ，自己の向上を図るとともに，個性を伸ばして充実した生き方を追求すること。</td><td>向上心，個性の伸長</td></tr>
<tr><td>（５）より高い目標を立て，希望と勇気をもち，困難があってもくじけずに努力して物事をやり抜くこと。</td><td>（４）より高い目標を設定し，その達成を目指し，希望と勇気をもち，困難や失敗を乗り越えて着実にやり遂げること。</td><td>希望と勇気，
克己と強い意志</td></tr>
<tr><td>（６）真理を大切にし，物事を探究しようとする心をもつこと。</td><td>（５）真実を大切にし，真理を探究して新しいものを生み出そうと努めること。</td><td>真理の探究，創造</td></tr>
<tr><td colspan="3">B　主として人との関わりに関すること</td></tr>
<tr><td>（７）誰に対しても思いやりの心をもち，相手の立場に立って親切にすること。</td><td rowspan="2">（６）思いやりの心をもって人と接するとともに，家族などの支えや多くの人々の善意により日々の生活や現在の自分があることに感謝し，進んでそれに応え，人間愛の精神を深めること。</td><td rowspan="2">思いやり，感謝</td></tr>
<tr><td>（８）日々の生活が家族や過去からの多くの人々の支え合いや助け合いで成り立っていることに感謝し，それに応えること。</td></tr>
<tr><td>（９）時と場をわきまえて，礼儀正しく真心をもって接すること。</td><td>（７）礼儀の意義を理解し，時と場に応じた適切な言動をとること。</td><td>礼儀</td></tr>
<tr><td>（10）友達と互いに信頼し，学び合って友情を深め，異性についても理解しながら，人間関係を築いていくこと。</td><td>（８）友情の尊さを理解して心から信頼できる友達をもち，互いに励まし合い，高め合うとともに，異性についての理解を深め，悩みや葛藤も経験しながら人間関係を深めていくこと。</td><td>友情，信頼</td></tr>
<tr><td>（11）自分の考えや意見を相手に伝えるとともに，謙虚な心をもち，広い心で自分と異なる意見や立場を尊重すること。</td><td>（９）自分の考えや意見を相手に伝えるとともに，それぞれの個性や立場を尊重し，いろいろなものの見方や考え方があることを理解し，寛容の心をもって謙虚に他に学び，自らを高めていくこと。</td><td>相互理解，寛容</td></tr>
<tr><td colspan="3">C　主として集団や社会との関わりに関すること</td></tr>
<tr><td>（12）法やきまりの意義を理解した上で進んでそれらを守り，自他の権利を大切にし，義務を果たすこと。</td><td>（10）法やきまりの意義を理解し，それらを進んで守るとともに，そのよりよい在り方について考え，自他の権利を大切にし，義務を果たして，規律ある安定した社会の実現に努めること。</td><td>遵法精神，公徳心</td></tr>
<tr><td>（13）誰に対しても差別をすることや偏見をもつことなく，公正，公平な態度で接し，正義の実現に努めること。</td><td>（11）正義と公正さを重んじ，誰に対しても公平に接し，差別や偏見のない社会の実現に努めること。</td><td>公正，公平，
社会正義</td></tr>
<tr><td rowspan="2">（14）働くことや社会に奉仕することの充実感を味わうとともに，その意義を理解し，公共のために役に立つことをすること。</td><td>（12）社会参画の意識と社会連帯の自覚を高め，公共の精神をもってよりよい社会の実現に努めること。</td><td>社会参画，
公共の精神</td></tr>
<tr><td>（13）勤労の尊さや意義を理解し，将来の生き方について考えを深め，勤労を通じて社会に貢献すること。</td><td>勤労</td></tr>
<tr><td>（15）父母，祖父母を敬愛し，家族の幸せを求めて，進んで役に立つことをすること。</td><td>（14）父母，祖父母を敬愛し，家族の一員としての自覚をもって充実した家庭生活を築くこと。</td><td>家族愛，
家族生活の充実</td></tr>
<tr><td>（16）先生や学校の人々を敬愛し，みんなで協力し合ってよりよい学級や学校をつくるとともに，様々な集団の中での自分の役割を自覚して集団生活の充実に努めること。</td><td>（15）教師や学校の人々を敬愛し，学級や学校の一員としての自覚をもち，協力し合ってよりよい校風をつくるとともに，様々な集団の意義や集団の中での自分の役割と責任を自覚して集団生活の充実に努めること。</td><td>よりよい学校生活，
集団生活の充実</td></tr>
<tr><td rowspan="2">（17）我が国や郷土の伝統と文化を大切にし，先人の努力を知り，国や郷土を愛する心をもつこと。</td><td>（16）郷土の伝統と文化を大切にし，社会に尽くした先人や高齢者に尊敬の念を深め，地域社会の一員としての自覚をもって郷土を愛し，進んで郷土の発展に努めること。</td><td>郷土の伝統と
文化の尊重，
郷土を愛する態度</td></tr>
<tr><td>（17）優れた伝統の継承と新しい文化の創造に貢献するとともに，日本人としての自覚をもって国を愛し，国家及び社会の形成者として，その発展に努めること。</td><td>我が国の伝統と
文化の尊重，
国を愛する態度</td></tr>
<tr><td>（18）他国の人々や文化について理解し，日本人としての自覚をもって国際親善に努めること。</td><td>（18）世界の中の日本人としての自覚をもち，他国を尊重し，国際的視野に立って，世界の平和と人類の発展に寄与すること。</td><td>国際理解，
国際貢献</td></tr>
<tr><td colspan="3">D　主として生命や自然，崇高なものとの関わりに関すること</td></tr>
<tr><td>（19）生命が多くの生命のつながりの中にあるかけがえのないものであることを理解し，生命を尊重すること。</td><td>（19）生命の尊さについて，その連続性や有限性なども含めて理解し，かけがえのない生命を尊重すること。</td><td>生命の尊さ</td></tr>
<tr><td>（20）自然の偉大さを知り，自然環境を大切にすること。</td><td>（20）自然の崇高さを知り，自然環境を大切にすることの意義を理解し，進んで自然の愛護に努めること。</td><td>自然愛護</td></tr>
<tr><td>（21）美しいものや気高いものに感動する心や人間の力を超えたものに対する畏敬の念をもつこと。</td><td>（21）美しいものや気高いものに感動する心をもち，人間の力を超えたものに対する畏敬の念を深めること。</td><td>感動，畏敬の念</td></tr>
<tr><td>（22）よりよく生きようとする人間の強さや気高さを理解し，人間として生きる喜びを感じること。</td><td>（22）人間には自らの弱さや醜さを克服する強さや気高く生きようとする心があることを理解し，人間として生きることに喜びを見いだすこと。</td><td>よりよく
生きる喜び</td></tr>
</table>

■資料 4 道徳教育関連年表

西暦	和暦		事項
1872	明治	5	学制発布
1879		12	教学聖旨が示される
1880		13	第 2 次教育令公布（修身が筆頭教科目に）
1889		22	大日本帝国憲法発布
1890		23	「教育ニ関スル勅語」発布
1903		36	小学校令中改正により国定教科書制度が成立
1924	大正	13	長野県松本女子師範学校附属小学校訓導川井清一郎が，修身の授業で国定教科書を用いなかったことを理由に処分される（川井訓導事件）
1937	昭和	12	文部省編『国体の本義』刊行
1939		14	「青少年学徒ニ賜ハリタル勅語」を下賜
1941		16	「国民学校令」公布 文部省教学局編『臣民の道』刊行
1945		20	敗戦，GHQ「修身，日本歴史及び地理の停止」に関して指令
1946		21	文部省から勅語及び詔書等の取扱いについて通達 日本国憲法発布
1947		22	教育基本法，学校教育法公布 新学制による小学校・中学校が発足 『学習指導要領』（一般編・試案）を発行
1948		23	衆議院「教育勅語等排除に関する決議」，参議院「教育勅語等の失効確認に関する決議」
1950		25	天野貞祐文部大臣が，全国都道府県教育長協議会において「修身科の復活」について発言
1951		26	文部省，道徳教育振興方策を発表 文部省が「道徳教育のための手引書要綱」を発表
1957		32	教育課程審議会が，道徳教育の特設時間について中間発表
1958		33	文部省が，小学校・中学校「道徳」実施要綱を通達 小学校・中学校の学習指導要領を告示（「道徳の時間」の特設）
1964		39	文部省「小学校道徳の指導資料」「中学校道徳の指導資料」を刊行開始
1966		41	中央教育審議会答申「期待される人間像」
1984		59	臨時教育審議会設置（～1987）
1986		61	「葬式ごっこ」いじめ事件（中野区）
1989	平成	元	学習指導要領告示（内容項目を 4 つの柱で構造化）
1997		9	神戸連続児童殺傷事件
1998		10	学習指導要領告示（「生きる力」「総合的な学習の時間」）
2000		12	教育改革国民会議「教育を変える17の提案」「学校は道徳を教えることをためらわない」
2002		14	文部科学省「心のノート」配布
2011		23	大津いじめ自殺事件
2013		25	教育再生実行会議第一次提言「いじめの問題等への対応について」にて，道徳の教科化の提言
2014		26	文部科学省『わたしたちの道徳』『私たちの道徳』を公表，翌年度より配布 中央教育審議会「道徳に係る教育課程の改善等について（答申）」を発表，「特別の教科 道徳（仮称）」を提起
2015		27	学習指導要領一部改正・「特別の教科である道徳」
2017		29	学習指導要領告示
2018		30	小学校「特別の教科である道徳」完全実施
2019		31	中学校「特別の教科である道徳」完全実施

索　引

あ

IRE 構造　87
アイスナー（E. W. Eisner）　93
アクティブラーニング　49, 53, 55
アダム・スミス（A. Smith）　6
誤った信念課題　20, 21
アリストテレス（Aristoteles）　2, 3
いじめ　22, 23, 27, 34, 35, 72, 94, 101, 115
ウィマー（H. Wimmer）　20, 21
ウッドラフ（G. Woodruff）　20
ADHD（注意欠如多動症）　105, 107, 108
エリクソン（E. H. Erikson）　19
大くくりの評価　41
オープンエンド　81, 82

か

要　iv, 28, 35, 46, 86, 107
考え，議論する　8, 35–37, 46, 69, 72, 81, 90, 93, 99
カント（I. Kant）　2–4, 7, 36
キー・コンピテンシー　30
帰結主義　2, 4
記述　41, 49
規範意識　22, 23, 27
義務論　2, 3, 36
教育勅語　24, 25, 115
教育的鑑識眼　93
教育評価論　34, 39
教科書　iii, 25, 26, 28, 36–38, 52, 53, 100, 115
共感　i, 7, 13, 17, 23, 27, 59, 67, 73, 75, 76, 101, 102
教材　24
ギリガン（C. Gilligan）　17
グリーン（J. D. Greene）　9
グローバリゼーション　97–100
形成的評価　34, 39, 42, 43
構成的エンカウンター　37, 38
功利主義　2, 4, 5
コールバーグ（L. Kohlberg）　15–17, 22
心の教育　27
心のノート　27
心の理論　13, 18, 20, 21
個人内評価　39, 41, 43
コント（A. Comte）　7

さ

資質・能力　6, 27, 29–31, 41, 97, 101, 102
実践意欲と態度　29, 30, 34, 41
指導案　ii, 47–50, 55, 84, 87, 89
指導要録　26, 39, 41
自閉スペクトラム症　21, 105, 106
社会科　iii, 13, 25, 26, 34, 46, 51, 52, 69–71, 111
社会性　6, 7, 12, 18–21, 106, 112
修身　24–26, 115
終末　49, 55, 59, 60, 62, 63, 65, 70, 74, 76, 80–82, 84
人権教育　101–104
心情　11, 13, 23, 26, 27, 29, 30, 34, 41, 59, 61–63, 72, 77, 88, 89, 104
診断的評価　34, 39, 43
生徒指導　iv, v, 46, 101
絶対評価　39–41
全面主義　25, 26, 28
総括的評価　39
相対評価　39–41
ソクラテス（Sokrates）　2–4

た

ダーウィン（C. D. Darwin）　7
多角的・多面的　50, 51, 55
知的障害　105, 106
チュリエル（E. Turiel）　17, 22
道徳教育推進教師　28
道徳性　6–8, 12–27, 29–37, 40–43, 69, 81, 83, 90, 93, 99, 102, 104, 108
道徳的価値　iii, v, 15, 32, 35–37, 41, 42, 49, 69, 81, 83, 90, 99
道徳的実践力　26, 27
道徳的判断力　30, 34, 41
「道徳の時間」　25–28, 40, 101, 102, 115
「道徳の時間」の特設　26, 115
同和教育　101, 102
特別支援教育　21, 105, 106
特別の教科　27, 28, 30, 31, 35, 37, 38, 40–42, 93, 106–108
徳目　iii–v, 25
徳倫理学　2, 36
トムソン（J. J. Thomson）　8
トロッコ問題　9

な

内容項目　10, 31, 32, 36, 41, 46, 47, 49, 50, 52, 53, 55, 58, 61, 64, 67, 69–72, 75, 78, 81, 86, 98, 100, 103, 113, 115
二重過程説　9

は

パーテン（M. B. Parten）　19
パーナー（J. Perner）　20, 21
発達障害　21, 32, 43, 108
ハッペ（F. Happe）　21
発問　ii–iv, 42, 48, 54–56, 59–79, 87, 88, 92
ピアジェ（J. Piaget）　12, 14–17, 22
ヒューム（D. Hume）　6
ヒューリスティック　9, 10
評価　iv, 12, 13, 19, 26, 28, 30, 33, 34, 38–43, 48, 52, 59–88, 106
評定　28, 39
フット（P. Foot）　8
プラトン（Platon）　2, 3
プレマック（D. Premack）　20
ヘルバルト（J. F. Herbart）　7
ベンサム（J. Bentham）　2, 4
ボウルビィ（J. Bowlby）　18
ホッブス（T. Hobbes）　7

ま

マイノリティ　43, 103, 104
ミル（J. S. Mill）　4, 5, 7
モラルジレンマ　8, 10, 11, 55, 58, 59, 72, 75
モンテスキュー（C. Montesquieu）　6

や

揺さぶり　51, 55, 60

ら

倫理学　2, 3, 5, 8, 9, 36, 102
ルソー（J. -J. Rousseau）　7, 30
ロールプレイ　37, 38, 46, 49, 107

【執筆者一覧】（所属等は執筆時のもの）

■編者

相澤伸幸（京都教育大学准教授・教育哲学）
神代健彦（京都教育大学准教授・教育史）

■執筆者（執筆順）

序　垂井由博（京都教育大学附属京都小中学校　副校長）
第１章　相澤伸幸（編者）
第２章１節　相澤伸幸
第２章２節　伊藤崇達（京都教育大学准教授・学習心理学）
第２章３節　田爪宏二（京都教育大学准教授・発達心理学）
第２章４節　相澤伸幸
第３章　神代健彦（編者）
第４章　神代健彦
第５章　平岡信之（京都教育大学附属桃山小学校）
第６章（小学校低学年Ａ）藤田智之（京都教育大学附属京都小中学校）
第６章（小学校低学年Ｂ）福永愛美（京都教育大学附属桃山小学校）
第６章（小学校中学年Ａ）森脇正博（京都教育大学附属京都小中学校）
第６章（小学校中学年Ｂ）井上美鈴（京都教育大学附属桃山小学校）
第６章（小学校高学年Ａ）森脇正博
第６章（小学校高学年Ｂ）平岡信之
第６章（中学校Ａ）　山岡洋一（京都教育大学附属京都小中学校）
第６章（中学校Ｂ）　中山莉麻（京都教育大学附属桃山中学校）
第６章コラム　森脇正博
第７章１節　森脇正博
第７章２節　平岡信之
第８章　森脇正博
第９章１節　神代健彦
第９章２節　伊藤悦子（京都教育大学教授・人権教育）
第９章３節　相澤雅文（京都教育大学教授・特別支援教育）

道徳教育のキソ・キホン

道徳科の授業をはじめる人へ

2018年 3 月31日　初版第 1 刷発行
2024年 4 月20日　初版第 3 刷発行

定価はカヴァーに表示してあります

編　者　相澤伸幸
　　　　神代健彦
発行者　中西　良
発行所　株式会社ナカニシヤ出版
〒606-8161　京都市左京区一乗寺木ノ本町15番地
Telephone　075-723-0111
Facsimile　075-723-0095
Website　http://www.nakanishiya.co.jp/
Email　iihon-ippai@nakanishiya.co.jp
郵便振替　01030-0-13128

装幀＝白沢　正／印刷・製本＝亜細亜印刷株式会社
Printed in Japan.

ISBN978-4-7795-1278-0